학원을 이기는

독학 영어 첫걸음 2

지은이 박준영은 대학에서 영문학을 전공하였으며, 강남과 종로 등의 어학원에서 수년간의 강사 경험을 바탕으로 지금은 영어교재 전문기획 프리랜서로 활동하고 있으며 지금은 랭컴출판사의 편집위원으로서 영어 학습서 기획 및 저술 활동에 힘쓰고 있다.

학원을 이기는
독학 영어 첫걸음 2

2024년 2월 10일 개정2판 1쇄 인쇄
2024년 2월 15일 개정2판 1쇄 발행

지은이 박준영
발행인 손건
편집기획 김상배, 홍미경
마케팅 최관호
디자인 김선옥
제작 최승용
인쇄 선경프린테크

발행처 LanCom 랭컴
주소 서울시 영등포구 영신로34길 19
등록번호 제 312-2006-00060호
전화 02) 2636-0895
팩스 02) 2636-0896
홈페이지 www.lancom.co.kr
이메일 elancom@naver.com

ISBN 979-11-7142-031-5 13740

단어 + 문법 + 회화 완전 기초부터 제대로 시작하기

학원을 이기는 독학 영어 첫걸음 2

박준영 지음

독하게 배워서
독하게 써먹자!

LanCom
Language & Communication

Preface

'어떻게 하면 영어를 잘할 수 있을까?' 라는 고민은 어른 아이 할 것 없이 21세기를 살아가는 사람들에게 있어 공통되는 것이 아닐까 싶습니다. 물론 영어를 잘하고 싶은 이유는 상황에 따라 취업, 유학, 비즈니스 등의 여러 다른 목적이 있을 수 있습니다. 하지만 넘쳐나는 책들 속에서 무엇을 선택해, 어떻게 공부할지를 결정하기란 쉬운 일이 아닙니다. 그럴수록 자신의 영어 수준을 잘 파악하고 공부의 목적을 뚜렷이 해야 합니다.

이 책은 영어 공부를 한지 너무 오래되어 새로 시작하려는 분들이나, 꼭 필요한 기본적인 표현들을 배우고자 하는 분들을 위한 기초 영어 교재입니다. 알파벳부터 시작하는 완전 초급의 수준은 아니지만, 영어의 기본기를 다시 세우고자 하는 분들을 위해 중학교 1학년의 수준의 기초 영어부터 시작하여 일상생활에서 많이 사용되는 회화와 문법 위주로 구성을 하였습니다.

영어 공부에는 왕도가 없지만 더 효율적인 방법은 분명히 있습니다.

첫째, 반복 연습을 통해 표현을 통째로 외우는 것입니다.

암기식 공부 방법에는 단점도 있지만 외국어 공부에서 암기와 반복 연습은 누구도 부정할 수 없는 필수 과정입니다. 누가 더 영어를 잘하느냐는 누가 그 상황에 적절한 표현을 더 많이 외웠느냐하는 문제와 직결됩니다. 랭컴출판사 홈페이지(www.lancom.co.kr)에서 무료로 제공하는 원어민의 녹음을 들으면서 반복해서 연습하고 외워보세요!

둘째, 외운 영어 표현을 실제로 활용할 수 있는 기회를 스스로 만들어 보는 것입니다.

꼭 외국인이 아니어도 친구나 직장동료와 함께, 또는 가족과 함께 영어를 연습하는 시간을 정해 놓고 규칙적으로 꾸준히 연습해보세요. 한 가지 꼭 기억해야 할 것은 잘 못하는 것과 실수하는 것을 두려워하지 않는 것입니다. 우리말이 아닌 다른 나라의 언어를 하는데 실수를 하지 않는다면 그것이 더 이상한 거죠.

셋째, 언어는 자신감입니다.

마찬가지로 영어 공부에서 가장 중요한 것은 '나도 영어를 정복할 수 있다!'는 자신감입니다. 영어를 정복하는 것은 불가능한 일이 아닙니다. 그리고 영어를 공부하는 때는 정해져 있지 않습니다. 오히려 내가 영어의 필요성을 절실히 느끼고 자신감 있게 도전하는 그 때가 가장 최적의 때라고 생각합니다.

이제 다시 영어 공부에 도전하는 여러분을 응원하며, 여러분의 목표를 이루는데 이 책이 단단한 디딤돌이 되어 주기를 간절히 바랍니다.

You can do it!

Contents

Part 1 일반동사_1

Part 2 일반동사_2

Part 3 명령문과 감탄문

Part 4
시간 표현

Part 5
존재를 나타내는 표현

Part 6

혼자서는 절대로 쓰이지 않는 조동사

Part **7**

현재 진행 중인 동작을 나타내는 현재진행형

Part 8

날씨 · 계절 · 월의 표현

Part 9

형용사를 이용한 비교 표현_1

Part

10

형용사를 이용한 비교 표현_2

Part

11

부사를 이용한 비교 표현

Part 1

일반동사_1

Unit 01

학습일

I like ~

I like English.

나는 영어를 좋아합니다.

STEP 1 여러 번 듣고 소리내어 반복해서 읽어보세요.

A **Do you have an English class today?**
두 유 해번 잉글리쉬 클래스 투데이

B **Yes, I do. I like English.**
예스, 아이 두. 아이 라잌 잉글리쉬

Do you like English?
두 유 라잌 잉글리쉬

A **No, I don't. I don't like it very much.**
노우, 아이 돈ㅌ. 아이 돈ㅌ 라이킷 베리 머취

B **Do you like math?**
두 유 라잌 매스

A **Yes, I do. I like it very much.**
예스, 아이 두 아이. 라이킷 베리 머취

A 오늘 영어 수업 있나요?

B 네. 나는 영어를 좋아합니다.

당신은 영어를 좋아하나요?

A 아뇨. 그다지 좋아하지 않아요.

B 수학은 좋아하나요?

A 네. 아주 좋아해요.

like [laik] 좋아하다 **much** [mʌtʃ] 매우 **very much** 매우, 대단히

STEP 2 이것만은 꼭 알아두세요.

I like English. Do you like English?

> have 동사 문장과 일반동사 문장을 비교해 봅시다.

	I	have	an English class	today	.
Do	you	have	an English class	today	?

	I	like	English	.
Do	you	like	English	?

like와 같은 모든 일반동사들은 have와 같이 do를 사용해서 의문문을 만듭니다. 말끝을 올려서 말하는 것도 마찬가지입니다.

No, I don't. I don't like it very much.

> 부정대답, 부정문 만드는 것도 have동사와 같습니다.
> not … very much는 '그다지 …않다'의 뜻을 나타냅니다.
> it은 English를 받아 '그것을'을 나타냅니다.

Yes, I do. I like it very much.

> 긍정대답도 have 동사의 경우와 같습니다.

STEP 3 실전 말하기 훈련

주어진 조건에 맞게 〈문형연습〉을 해봅시다.

I like English.

1. Do you
2. Yes
3. math
4. No

Unit 02

학습일

일반동사 know와 목적격

Do you know her?

당신은 그녀를 아나요?

STEP 1 여러 번 듣고 소리내어 반복해서 읽어보세요.

A **Do you know that tall boy?**
두 유 노우 댓 톨 보이

B **Yes. That's George. I know him very well.**
예스. 댓츠 조쥐. 아이 노우 힘 베리 웰

A **Do you know that pretty girl?**
두 유 노우 댓 프리티 걸

B **No, I don't know her. Do you know her?**
노우, 아이 돈ㅌ 노우 헐. 두 유 노우 헐

A **Yes. Her name is Emily.**
예스. 허 네임 이즈 에밀리

A 당신은 저 키가 큰 남자아이를 아나요?
B 네. 조지예요. 난 그를 잘 알아요.
A 당신은 저 예쁜 여자아이를 아나요?
B 아뇨, 몰라요. 당신은 그녀를 아세요?
A 네. 그녀의 이름은 에밀리예요.

know [nou] 알다 **George** [ʤɔːrʤ] 조지〈남자 이름〉 **him** [him] 그를 **well** [wel] 잘, 충분히
very well 매우 잘 **her** [həːr] 그녀를

STEP 2 이것만은 꼭 알아두세요.

Do you know that tall boy?

> know도 like와 같은 일반동사입니다. 일반동사는 모두 do를 사용해서 의문문을 만들며 대답할 때도 do를 씁니다.

Yes.

> 완전응답은 Yes, I do. I know him입니다.

I know him very well.

> him은 that tall boy 즉, George를 받고 있으며 '그를' 이라는 의미입니다.

비교

I	know	that tall boy = George	very well	.
I	know	him	very well	.

이와 같이 '…를(을)' 을 나타내는 말을 동사의 목적어라 하고 그것을 나타내는 형태를 목적격이라 합니다. him은 he의 목적격입니다.

No, I don't know her. Do you know her?

> her는 that pretty girl을 받는 '그녀를' 을 의미하는 she의 목적격입니다.

주격	소유격	목적격
he 그는	his 그의	him 그를
she 그녀는	her 그녀의	her 그녀를

STEP 3 실전 말하기 훈련

주어진 조건에 맞게 〈문형연습〉을 해 봅시다.

I know that tall boy.

1. Do you?
2. Yes
3. that tall girl?
4. No

Unit 03

학습일

일반동사 study와 의문사 what

What subject do you study hard? 당신은 무슨 과목을 열심히 공부하세요?

STEP 1 여러 번 듣고 소리내어 반복해서 읽어보세요.

A **Do you like English?**
두 유 라잌 잉글리쉬

B **Yes, I do. I study it very hard every day.**
예스, 아이 두. 아이 스터딧 베리 하드 애브리 데이

A **I don't study English very hard.**
아이 돈ㅌ 스터디 잉글리쉬 베리 하드

B **What subject do you study hard?**
왓 써브젝 두 유 스터디 하드

A **I study science hard.**
아이 스터디 사이언스 하드

A 당신은 영어를 좋아하나요?
B 네. 매일 열심히 공부하고 있어요.
A 나는 영어를 그다지 열심히 공부하지 않아요.
B 당신은 무슨 과목을 열심히 공부하세요?
A 과학을 열심히 공부하고 있어요.

study [stʌ́d] 공부하다 **hard** [ha:rd] 열심히 **every day** [évri: dei] 매일 **subject** [sʌ́bdʒik] 학과, 과목 **science** [sáiəns] 과학

STEP 2 이것만은 꼭 알아두세요.

I study it very hard every day.

> it은 English를 받아 '그것을'이라는 의미를 나타내는 목적격입니다.

> very hard는 '매우 열심히', every day는 '매일'을 뜻하며 모두 study를 수식하고 있습니다. 이와 같이 부사가 둘 이상 함께 올 때는 보통 '때'를 나타내는 부사가 제일 뒤에 놓입니다.

I don't study English very hard.

> not … very hard는 '그다지 열심히 …하지 않다'라는 뜻을 나타냅니다.

What subject do you study hard?

> 의문사는 문장의 첫머리에 오며 의문사가 있는 의문문은 하강조의 인토네이션입니다.

		I	study	science	hard	.
	Do	you	study	science	hard	?
What subject	do	you	study	what subject	hard	?

STEP 3 실전 말하기 훈련

주어진 조건에 맞게 〈문형연습〉을 해봅시다.

I study English every day.

1. Do you?
2. Yes
3. math?
4. No
5. What?
6. English

Unit 04

학습일

일반동사 speak와 목적격 them

They speak English.

그들은 영어로 말해요.

STEP 1 여러 번 듣고 소리내어 반복해서 읽어보세요.

A **Do you know those two people?**
두 유 노우 도즈 투 피플

B **No, I don't. Do you know them?**
노우, 아이 돈ㅌ. 두 유 노우 뎀

A **Yes. They're Paul's parents.**
예스. 데이어 폴스 페어런츠

B **Are they Americans?**
알 데이 어메리컨즈

A **No, they're Canadians.**
노우, 데이어 커네이디언즈

B **What language do they speak?**
왓 랭귀쥐 두 데이 스픽

A **They speak English. It's their native language.**
데이 스픽 잉글리쉬. 잇츠 데이어 네이티브 랭귀쥐

A 저 두 사람을 아세요?
B 아뇨. 당신은 그들을 아세요?
A 네. 폴의 부모님이세요.
B 미국 사람인가요?
A 아뇨, 캐나다 사람이에요.
B 무슨 언어를 말하나요?
A 영어로 말해요. 영어가 그들의 모국어예요.

them[ðem] 그들을 **Paul** [pɔːl] 폴〈남자 이름〉 **Canadian** [kənéidiən] 캐나다 사람 **language** [lǽŋgwidʒ] 말, 언어 **speak** [spiːk] 말하다 **native language** [néitiv lǽŋgwidʒ] 모국어

STEP 2 이것만은 꼭 알아두세요.

Do you know them?

> them은 앞 문장의 those two people을 받아 '그들을' 이라는 의미로 대명사 they의 목적격입니다.

3인칭 대명사

주격	소유격	목적격
he	his	him
she	her	her
it	its	it
they	their	them

What language do they speak?

> 이 문장이 어떻게 되어 있는지 살펴봅시다.

		They	speak	English	.
	Do	they	speak	English	?
				what language	
What language	do	they	speak		?

They speak English.

> English가 대답의 중심이므로 강한 강세를 두고 말합니다.

STEP 3 실전 말하기 훈련

주어진 조건에 맞게 〈문형연습〉을 해봅시다.

They speak English.

1. Do they?
2. Yes
3. Korean?
4. No
5. What language?
6. English

Unit 05 학습일

일반동사 have와 want

Do you want a sandwich?

샌드위치 먹고 싶어요?

STEP 1 여러 번 듣고 소리내어 반복해서 읽어보세요.

A **It's lunch time, Sun-hee.**
잇츠 런취 타임, 선희
Do you want a sandwich?
두 유 워너 샌드위취

B **No, I don't.**
노우, 아이 돈트
Do you usually have a sandwich for lunch?
두 유 유주얼리 해버 샌드위취 풔 런취

A **Yes. What do you usually have for lunch?**
예스, 왓 두 유 유주얼리 햅 풔 런취

B **I usually have a hamburger.**
아이 유주얼리 해버 햄버거
But I don't want one today. I'm not hungry today.
벗 아이 돈ㅌ 원 원 투데이. 아임 낫 헝그리 투데이

A 점심시간이에요, 선희. 샌드위치 먹고 싶어요?
B 아뇨.
당신은 점심으로 항상 샌드위치를 먹나요?
A 네. 당신은 점심으로 대개 무얼 먹죠?
B 저는 대개 햄버거를 먹어요.
그런데 오늘은 먹고 싶지 않아요. 배가 고프지 않거든요.

lunch [lʌntʃ] 점심 **time** [taim] 시, 시간 **lunch time** 점심시간 **want** [wɔ(:)nt] …하고 싶다 **sandwich** [sǽndwitʃ] 샌드위치 **usually** [júːʒluəli] 보통, 늘 **have** [hæv] 먹다, 마시다 **for** [fɔːr] …을 위해 **hamburger** [hǽmbəːrgər] 햄버거 **hungry** [hʌ́ŋgri] 배고픈 / **ham** [hæm] 햄

STEP 2 이것만은 꼭 알아두세요.

It's lunch time.

> 여기서 **it**은 시간을 나타낼 때 사용하는 비인칭 주어 **it**으로 특별히 받고 있는 것은 없습니다.

Do you want a sandwich?

> '샌드위치를 원합니까?' 는 '먹고 싶은가?' 라는 의미입니다.

> **sandwich**는 **ham sandwich**, **egg**(계란) **sandwich**, **cheese**(치즈), **sandwich** 등 종류가 많아서 가게에서 주문을 할 때는 종류를 말해야 합니다.

Do you usually have a sandwich for lunch?

> 여기서는 **have**가 '가지고 있다' 가 아니라 '먹다' 라는 의미로 쓰이고 있습니다.

> **have**가 '가지고 있다' 라는 의미일 때는 현재의 상태를 나타내지만, '먹다' 라는 의미를 나타낼 때는 동작을 나타냅니다. 일반적으로 동작을 나타내는 동사의 단순현재형은 항상 반복되는 습관을 나타냅니다. 이 문장에서는 '대개' 라는 의미의 **usually**가 들어 있지만 없어도 같은 의미가 됩니다.

> **lunch**에는 관사가 붙지 않습니다. 일반적으로 식사를 나타내는 말은 무관사입니다. **breakfast**(아침식사), **dinner**(저녁식사)

STEP 3 실전 말하기 훈련

주어진 조건에 맞게 〈문형연습〉을 해봅시다.

I usually have a hamburger for lunch.

1. Do you?
2. Yes
3. a ham sandwich?
4. No
5. What?
6. a hamburger

Review

Point 1 일반동사란?

동작이나 상태를 나타내는 말을 동사라고 합니다. 일반동사란 **be**동사와 **have**동사를 제외한 모든 동사를 말합니다. 즉, **go**, **come**, **like**, **hate**, **drink**, **eat** 등 우리가 일상적으로 사용하는 동사는 거의 모두 일반동사입니다. **be**동사는 존재, 동일함을 의미하는 반면, 일반동사는 주어의 동작이나 상태, 성질 등을 나타내며 문장 속에서 **be**동사나 **have**동사와 같은 위치에 옵니다.

I	am	a student.
I	have	a bicycle.
I	like	English.

위의 영문을 비교해 봅시다. 문장 속에서 일반동사의 위치는 **be**동사, **have**동사와 같습니다.

일반동사는 의문형과 그 대답, 그리고 부정형을 만들 때 **have**동사와 같이 **do**를 사용합니다.

Do you like English? 영어를 좋아하니?
- Yes, I do. I like it very much. 그래. 나는 영어를 매우 좋아해.
Do you know that tall boy? 저 키가 큰 남자아이를 알고 있니?
- No, I don't. I don't know him. 아니, 나는 그를 몰라.

1 일반동사의 현재형

일반동사가 현재시제의 3인칭 단수인 경우에는 **s / es**를 붙여 3인칭 단수형으로 나타내고, 그 밖의 경우에는 인칭과 수에 관계없이 모두 원형을 사용합니다.

He likes baseball. 그는 야구를 좋아한다.
She playes the cello. 그녀는 첼로를 연주한다.
They eat up all the food. 그들은 음식을 다 먹어 치운다.

② 일반동사의 의문형

일반동사의 의문형은 조동사 **do**를 이용하여 〈**Do[Does / Did] + 주어 + 동사원형 ~**〉의 형태로 쓰며 대답 역시 조동사 **do**를 이용해 나타냅니다.

Do you like baseball? 야구 좋아하니?
Yes, I do. 응, 좋아해. **/ No, I don't.** 아니, 좋아하지 않아.

Does she play the cello? 그녀는 첼로를 연주하니?
Yes, she does. 응, 연주해. **/ No, she doesn't.** 아니, 그렇지 않아.

③ 일반동사의 부정형

일반동사의 부정형 역시 조동사 **do**를 이용하여 〈**do[does/did] + not + 동사원형**〉의 형태로 나타내며 주어가 **3**인칭 단수면 **doesn't**, 과거형이면 **didn't**를 사용합니다.

He doesn't like baseball. 그는 야구를 좋아하지 않는다.
She doesn't play the cello. 그녀는 첼로를 연주하지 않는다.
They don't eat up all the food. 그들은 음식을 다 먹지 않는다.

Point 2 대명사의 목적격 him, her, them, it

him, her, them, it을 대명사의 목적격이라고 합니다. 목적격이란 목적어가 될 때 사용되는 형태를 말하는데 목적어란 우리말의 '…를(을)' 이 붙는 말로 생각하면 됩니다.

Do you know that boy? 당신은 저 남자아이를 아나요?

라는 문장에서 **that boy**는 '저 남자아이를' 을 나타내고 **know**라는 동사의 목적어입니다.

따라서 위의 문장과 같이 명사가 목적어인 경우 형태상의 변화는 없지만 인칭대명사가 목적어가 되는 경우에는 목적격으로 형태가 바뀌게 됩니다. '그를' 은 **him**, '그녀를' 은 **her**, '그들을' 은 **them**, '그것을' 은 **it**으로 바뀌며 **3**인칭 대명사의 형태 변화를 표로 만들어 보면 다음과 같습니다.

수 / 격 / 인칭	단수			복수		
	주격	소유격	목적격	주격	소유격	목적격
3인칭	he	his	him	they	their	them
	she	her	her			
	it	its	it			

주격은 주어가 되는 형태로 우리말의 '…가, …이, …은(는)' 에 해당하고, 소유격은 '…의' 와 같이 소유관계 등을 나타내는 형태이며, 목적격은 위에서 설명한 것처럼 '…를(을)' 을 나타내는 형태입니다. 이들 대명사의 형태 변화를 보고 알 수 있는 것은 **he, they**는 **3**가지 모두 형태가 변하지만 **he**는 소유격과 목적격이, **it**은 주격과 목적격이 같은 형태입니다.

'그들은 그녀를 안다.' 는

They know her.

처럼 '그들은' 의 위치에 주격 **they**를 사용하고 '그녀를' 의 위치에 목적격 **her**를 사용하듯이 형태를 구별해서 써야 합니다. 좀 더 예를 들어 봅시다.

(예) **I know them.** 나는 그들을 안다.
Do they know him? 그들은 그를 알고 있습니까?
I don't know her name. 나는 그녀의 이름을 모릅니다.

이와 같이 격에 따른 형태의 변화는 여러 문장을 반복 연습해서 문장 속에서 쓰인 대로 외우는 것이 가장 좋습니다. 처음부터 표를 보고 외우려고 하지 말고 어느 정도 문장 속에서 외우고 나서 체계적으로 정리하기 위해 표를 이용하는 것이 효과적입니다.

Point 3 what을 이용한 의문문

일반동사 문장을 **what**을 사용해서 의문문으로 만드는 방법은 **have**동사 문장을 **what**의문문으로 만드는 방법과 같습니다. 예를 들어 봅시다.

I like English. 나는 영어를 좋아한다.

라는 문장을 '당신은 무슨 과목을 좋아합니까?' 라는 의문문으로 만들려면 우선

Do you like English?

라는 보통의문문을 생각할 수 있습니다. 다음에 English를 '무슨 과목' 즉, what subject로 바꾸는데 의문사는 문두에 와야 하므로

What subject do you like?

라는 의문형이 만들어집니다.

대답에는 yes, no를 사용하지 않고

I like science.

또는

I like English.

등으로 대답합니다.

학원을 이기는

독학 영어 첫걸음

Part 2

일반동사_2

Unit 01

학습일

일반동사의 3인칭 단수형

He plays the flute.

그는 플루트를 연주합니다.

STEP 1 여러 번 듣고 소리내어 반복해서 읽어보세요.

A **My sister plays the piano very well.**
마이 시스터 플레이즈 더 피애노우 베리 웰

B **Does your mother play the piano, too?**
더즈 유얼 마더 플레이 더 피애노우, 투

A **Yes, she does. But she doesn't play it very well.**
예스, 쉬 더즈. 벗 쉬 더즌ㅌ 플레이 잇 베리 웰

B **Does your brother play the violin?**
더즈 유얼 브라더 플레이 더 바이얼린

A **No, he doesn't. He doesn't play the violin.**
노우, 히 더즌ㅌ. 히 더즌ㅌ 플레이 더 바이얼린

He plays the flute.
히 플레이즈 더 플룻

A 제 여동생은 피아노 연주를 아주 잘해요.
B 어머니도 피아노를 연주하시나요?
A 네. 그런데 어머니는 그다지 능숙하진 않으세요.
B 형은 바이올린을 연주하나요?
A 아뇨. 형은 바이올린을 연주하지 않아요.
플루트를 연주합니다.

play [plei] (악기를) 치다, 불다, 연주하다 **well** [wel] 잘 **flute** [flu:t] 플루트 **violin** [vàiəlín] 바이올린

STEP 2 이것만은 꼭 알아두세요.

My sister plays the piano very well.

> 주어가 **3**인칭 단수(**my sister, Bill, your mother** 등의 명사나 **he, she, it** 등의 대명사)일 때는 동사의 어미에 [-s] 또는 [-z](표기할 때는 **-s** 또는 **-es**)를 붙입니다. 발음은 앞이 무성음이면 [-s], 유성음이면 [-z]가 되는데 복수형 또는 소유격 어미의 발음법과 같습니다.

I	play	the piano	.
You	play	the piano	.
My sister She	plays	the piano	.

> '~을 연주하다'의 악기이름 앞에는 **the**를 붙입니다.
참고로 '~운동을 하다' 라고 **play**를 스포츠와 함께 쓸 때는 **the**를 붙이지 않습니다.
play soccer　　play baseball　　play golf

Does your mother play the piano, too?

> 주어가 **3**인칭 단수인 문장을 의문문으로 만들 때에는 **have**동사의 경우와 같이 **does**를 쓰며 **does**를 이용하면 동사의 **-s**는 없어집니다.

	My mother	plays	the piano	.
Does	your mother	play	the piano	?

She doesn't play it very well.

> 주어가 **3**인칭 단수인 문장을 부정문으로 만들 때에는 **does not**을 씁니다.

> **doesn't**는 **does not**의 단축형으로 이 문장에서 **it**은 **piano**를 가리킵니다.

STEP 3 실전 말하기 훈련

주어진 조건에 맞게 〈문형연습〉을 해봅시다.

My sister plays the piano.

1. Does your sister?　　**2.** Yes　　**3.** the violin?　　**4.** No

Unit 02

학습일

일반동사 go의 용법

Do you go to senior high school, Bill? 당신은 고등학생인가요, 빌?

STEP 1 여러 번 듣고 소리내어 반복해서 읽어보세요.

A **Do you go to senior high school, Bill?**
두 유 고우 투 시니어 하이 스쿨, 빌

B **Yes. Do you go to senior high school, too?**
예스. 두 유 고우 투 시니어 하이 스쿨, 투

A **Yes. Who is that?**
예스. 후 이즈 댓

B **That's my little sister. Her name is Susie.**
댓츠 마이 리를 시스터. 헐 내임 이즈 수지

A **Does she go to school?**
더즈 쉬 고우 투 스쿨

B **Yes, she does. She goes to elementary school.**
예스, 쉬 더즈. 쉬 고우즈 투 엘러멘터리 스쿨

A 당신은 고등학생인가요, 빌?
B 네. 당신도 고등학생인가요?
A 네. 저 사람은 누구죠?
B 제 여동생이에요. 이름은 수지입니다.
A 그녀도 학교에 다니나요?
B 네. 초등학교에 다니고 있어요.

go [gou] 가다, 다니다 **to** [tu] …에, …로 **Susie** [su:zi] 수지〈여자 이름〉 **elementary school** [èləméntəri sku:l] 초등학교

STEP 2 이것만은 꼭 알아두세요.

Do you go to senior high school?

> go to senior high school은 'senior high school에 다니고 있다'는 습관적 동작을 나타냅니다. 즉, 이 문장은 Are you a senior high school student?와 같은 의미로 '지금 학교에 가는 중'이라는 의미가 아니므로 주의해야 합니다.

> '통학하다'라는 뜻일 때는 senior high school에 관사를 붙이지 않습니다.

> go는 지금까지 배운 동사와는 달리 '…을'이라는 목적어를 취하지 않으며 일반적으로 목적어를 취하는 동사를 타동사, go와 같이 목적어를 취하지 않는 동사를 자동사라고 합니다.

Does she go to school?

> 3인칭 단수가 주어인 문장이므로 does를 사용해서 의문문을 만듭니다.

> go to school은 '학교에 다니다, 학생이다'라는 의미로 이 경우 school은 학교 건물은 아니고 '수업'이라는 의미입니다. 이 때는 school에 관사가 붙지 않습니다.

She goes to elementary school.

> go to elementary school은 '초등학교에 다니다, 초등학생이다'라는 의미로 elementary school에 관사가 붙지 않은 것은 high school 또는 school의 경우와 같은 이유에서입니다.

> goes는 go의 3인칭 단수형으로 -s가 아닌 -es를 붙이며 발음은 [gouz]입니다.

STEP 3 실전 말하기 훈련

주어진 조건에 맞게 〈문형연습〉을 해봅시다.

My little sister goes to elementary school.

1. Does your little sister?

2. Yes

3. senior high school?

4. No

Unit 03

학습일

동사 play와 3인칭 단수 주어에서의 what 의문문

What sports do you play, Chan-ho? 무슨 운동을 하나요, 찬호?

STEP 1 여러 번 듣고 소리내어 반복해서 읽어보세요.

A **What sports do you play, Chan-ho?**
왓 스포츠 두 유 플레이, 찬호

B **I play baseball.**
아이 플레이 베이스볼

A **Does your father play baseball, too?**
더즈 유얼 파더 플레이 베이스볼, 투

B **No, he doesn't. He doesn't play baseball.**
노우, 히 더즌ㅌ. 히 더즌ㅌ 플레이 베이스볼

A **What does he play?**
왓 더즈 히 플레이

B **He plays golf.**
히 플레이즈 골프

A 무슨 운동을 하나요, 찬호?
B 야구를 해요.
A 아버지도 야구를 하시나요?
B 아뇨. 아버지는 야구를 하지 않으세요.
A 아버지는 무슨 운동을 하시나요?
B 골프를 하세요.

sport [spɔːrt] 스포츠, 운동 **play** [plei] 운동을 하다 **baseball** [béisbɔ̀ːl] 야구 **golf** [gɑlf, gɔ(ː)lf] 골프

STEP 2 이것만은 꼭 알아두세요.

What sports do you play?

> play는 '운동을 하다' 라는 의미입니다.

> sports는 sport의 복수형입니다.

> 이 문장은 지금 현재 하고 있는 것이 아니라 '평소에' 어떤 스포츠를 하는지를 묻고 있는 것입니다.

Does your father play baseball, too?

> your father는 he로 바꿀 수 있으므로 3인칭 단수로 your라는 말에 현혹되어 2인칭으로 착각하지 않도록 주의해야 합니다.

> baseball처럼 스포츠를 나타내는 말에는 the를 붙이지 않습니다.

What does he play?

> 이 의문문이 어떻게 구성되는지를 도표로 확인해 봅시다.

		He	plays	golf	.
	Does	he	play	golf	?
				what	
What	does	he	play		?

STEP 3 실전 말하기 훈련

주어진 조건에 맞게 〈문형연습〉을 해봅시다.

My father plays golf.

1. Does your father?
2. Yes
3. baseball?
4. No
5. What?
6. golf

Unit 04

학습일

일반동사 do, clean, take와 목적격 us

What do you do on Sundays?

당신은 일요일에 무엇을 하나요?

STEP 1 여러 번 듣고 소리내어 반복해서 읽어보세요.

A **What do you do on Sundays?**
왓 두 유 두 온 썬데이즈

B **I clean my room in the morning, and I play with my friends in the afternoon.**
아이 크린 마이 룸 인 더 모닝, 앤 아이 플레이 위드 마이 프랜즈 인 디 애프터눈

A **What does your father do on Sundays?**
왓 더즈 유얼 파더 두 온 썬데이즈

B **He usually plays golf. But sometimes he takes us on a picnic.**
히 유주얼리 플레이즈 골프. 벗 썸타임즈 히 테익스 어즈 온 어 피크닉

A 당신은 일요일에 무엇을 하나요?
B 오전에는 방을 청소하고 오후에는 친구들과 놀아요.
A 아버지는 일요일에 무엇을 하시나요?
B 보통 골프를 하시죠. 그러나 때때로 우리를 소풍에 데리고 가세요.

do [du:] 하다, 행하다 **on** [ɑn, ɔ:n/ɔn] 정해진 날에 **clean** [kli:n] 청소하다 **in the morning** 오전에 **play** [plei] 놀다 **with** [wið] …와 함께 **in the afternoon** 오후에 **sometimes** [sʌ́mtàimz] 때때로 **take** [teik] 데리고 가다 **us** [ʌs] 우리를 **picnic** [píknik] 피크닉, 소풍

STEP 2 이것만은 꼭 알아두세요.

What do you do on Sundays?

> 뒤의 **do**는 '하다, 행하다' 라는 의미의 일반동사입니다.

> **on Sundays**는 '일요일마다, 매 일요일에' 의 뜻으로 이처럼 **on**은 특정한 날을 나타내는 전치사로서 쓰일 수 있으며 요일명은 복수형으로 합니다.

> 요일이나 달은 고유명사이기 때문에 항상 대문자로 표기합니다.

I play with my friends in the afternoon.

> 여기서 **play** '놀다' 는 목적어를 취하지 않는 자동사로 쓰이고 있습니다.

But sometimes he takes us on a picnic.

> **us**는 '우리를' 로 **we**의 목적격입니다.

1인칭 복수 대명사

주격	소유격	목적격	소유대명사
we	our	us	ours

> **sometimes**는 '때때로' 라는 부사로
He sometimes takes us on a picnic. 라는 문장을
He takes us on a picnic sometimes. 와 같은 어순으로 하는 것도 가능합니다.

> 여기서 **on a picnic**는 전치사로 시작하는 구입니다. 그밖에 **on Sundays, in the morning, with my friends, in the afternoon** 등도 전치사로 시작하는 구이므로 잘 기억해 두세요.

STEP 3 실전 말하기 훈련

주어진 조건에 맞게 〈문형연습〉을 해봅시다.

I clean my room on Sundays.

1. Do you?
2. Yes
3. play golf?
4. No
5. do what?
6. clean my room

Unit 05

학습일

일반동사 read, drive와 who의문문

Who reads all these books?

누가 이 모든 책을 읽습니까?

STEP 1 여러 번 듣고 소리내어 반복해서 읽어보세요.

A **You have a lot of books.**
유 해버 랏 옵 북스

Who reads all these books?
후 리즈 올 디즈 북스

B **My father does. He reads every night.**
마이 파더 더즈. 히 리즈 애브리 나잇

A **Is that your family car?**
이즈 댓 유얼 패밀리 카

B **Yes.**
예스

A **Who drives it?**
후 드라이브즈 잇

B **My brother. My father doesn't have a driver's license.**
마이 브라더. 마이 파더 더즌ㅌ 해버 드라이버즈 라이선스

A 책을 많이 가지고 있군요.
누가 이 모든 책들을 읽습니까?

B 아버지입니다. 아버지는 매일 밤 독서를 하세요.

A 저것은 당신 집 자동차입니까?

B 그렇습니다.

A 누가 운전하세요?

B 형입니다.
아버지는 운전면허를 갖고 계시지 않아요.

read [riːd] 읽다, 독서하다 **all** [ɔːl] 모두, 전부 **night** [nait] 밤, 저녁 **family** [fǽməli] 가족 **family car** [fǽməli kɑːr] 가족 차 **drive** [draiv] 차를 운전하다 **drive's license** [dráivərz láisəns] 운전면허증

STEP 2 이것만은 꼭 알아두세요.

Who reads all these books?

Your father	reads	all these books	.	〈평서문〉
Who	reads	all these books	?	〈의문문〉

> 평서문의 **your father**가 **who**로 바뀌어 의문문이 되었습니다. 이와 같이 주어가 의문사일 때에는 **do** 또는 **does**를 쓸 수 없습니다.

> **all these books**의 어순에 주의하고 **all**은 맨 앞에 옵니다.

My father does.

> **does**는 **reads**를 대신하고 있습니다. 그러나 **My father reads.**라는 대답은 어색한 표현입니다.
My father. / My father does. / My father reads all these books.로 대답해야 합니다.

He reads every night.

> 이 문장의 **read**는 '독서하다' 라는 자동사입니다.

> **every**는 '모든' 이라는 복수의 개념이지만 영어에서는 단수로 취급하며 **every** 다음에는 단수명사가 옵니다. **every** 뒤에 두 개의 명사가 와도 단수 취급합니다.
Every boy and girl **likes** ice cream. 모든 소년 소녀가 아이스크림을 좋아한다.

My brother.

> **My brother does. / My brother drives it.**이라고 대답할 수도 있습니다.

STEP 3 실전 말하기 훈련

주어진 조건에 맞게 〈문형연습〉을 해봅시다.

My father reads every night.

1. Does your father?
2. Yes
3. Does your
4. No
5. Who? mother?
6. my father

Unit 06

학습일

일반동사 teach

What does he teach?

그는 무엇을 가르치죠?

STEP 1 여러 번 듣고 소리내어 반복해서 읽어보세요.

A **Who is that man?**
후 이즈 댓 맨

B **That's Mr. Miles. He teaches at our school.**
댓츠 미스터 마일즈. 히 티취즈 앳 아우어 스쿨

A **Is he an American?**
이즈 히 언 어메리컨

B **Yes, he is.**
예스, 히 이즈

A **What does he teach?**
왓 더즈 히 티취

B **He teaches English.**
히 티취즈 잉글리쉬

Who teaches English at your school?
후 티취즈 잉글리쉬 앳 유얼 스쿨

A **Mr. Lee and Miss Kim.**
미스터 리 앤 미스 김

A 저 분은 누구세요?
B 마일즈 선생님입니다. 우리 학교에서 가르치십니다.
A 미국 사람인가요?
B 그래요.
A 무엇을 가르치죠?
B 영어를 가르쳐요.
당신 학교에서는 누가 영어를 가르치나요?
A 이 선생님과 김 선생님이십니다.

Miles [mailz] 마일즈〈성〉 **teach** [tiːtʃ] 학과를 가르치다 **at** [æt] 어떤 장소에서 / **Miss** [mis] …선생님, …양〈일반적으로 미혼 여성에게 붙이는 경칭〉

STEP 2 이것만은 꼭 알아두세요.

He teaches at our school.

> teach는 '가르치다' 라는 의미의 자동사(목적어를 수반하지 않는 동사)입니다. teach의 3인칭 단수형은 -es를 붙이고 [tíːtʃiz]로 발음하며 일반적으로 [s, z, ʃ, ʒ, tʃ, dʒ]로 끝나는 동사는 [-iz]로 발음됩니다.

> 철자가 -e로 끝나지 않은 단어에는 -es를 붙이며 이것은 복수형을 만드는 것과 같습니다.

What does he teach?

> 이 teach는 '…을 가르치다' 라는 타동사(목적어를 취하는 동사)로 이 문장에서는 의문사 what이 목적어입니다.

		He	teaches	English	.
What	does	he	teach		?

Mr. Lee and Miss Kim.

> 뒤에 teach English at our school이 생략되어 있습니다.

> Mr., Mrs., Miss는 성 앞에 붙입니다. 따라서 Miss Mary, Miss Sun-hee라고는 하지 않으며, Miss는 .(피어리어드)를 붙이지 않는 점에 주의하세요.

STEP 3 실전 말하기 훈련

주어진 조건에 맞게 〈문형연습〉을 해봅시다.

Mr. Miles teaches English at our school.

1. Does Mr. Miles?

2. Yes

3. science?

4. No

5. What?

6. English

Unit 07

학습일

일반동사 come, walk와 how 의문문

How do you come to school, Sun-hee? 당신은 학교에 어떻게 오나요, 선희?

STEP 1 여러 번 듣고 소리내어 반복해서 읽어보세요.

A **Hello, Chul-su.**
헬로우, 철수

B **Hi, Sun-hee.**
하이, 선희

A **Do you come to school by bus?**
두 유 컴 투 스쿨 바이 버스

B **No, I come by subway.**
노우, 아이 컴 바이 섭웨이

How do you come to school, Sun-hee?
하우 두 유 컴 투 스쿨, 선희

A **I walk.**
아이 웍

A 안녕, 철수.
B 안녕, 선희.
A 학교에는 버스를 타고 오나요?
B 아뇨, 지하철을 타고 와요.
당신은 학교에 어떻게 오나요, 선희?
B 걸어서 와요.

come [kʌm] 오다 **by** [bai] …로, …에 의해〈도구, 수단〉 **bus** [bʌs] 버스 **subway** [sʌ́bwei] 지하철
how [hau] 어떤 방법으로, 어떻게〈의문사〉 **walk** [wɔːk] 걷다

STEP 2 이것만은 꼭 알아두세요.

Do you come to school by bus?

> come은 '오다' 라는 자동사로 go '가다' 와 반대 의미를 가진 말입니다.

> by bus는 '버스로' 처럼 교통수단을 by로 말할 때는 관사 a나 the를 붙이지 않습니다.

> 단순현재형(come)을 사용하고 있으므로 평소의 습관을 묻고 있습니다.

How do you come to school?

> how는 방법·수단 등을 묻는 의문사입니다. 이 의문문이 어떻게 되어 있는지 살펴봅시다.

		I	come	to school	by train	.
	Do	you	come	to school	by train	?
					how	
How	do	you	come	to school		?

I walk.

> walk는 '걷다, 걸어서 오다' 라는 뜻으로 자동사입니다.

> 이 문장에서는 walk만 강한 강세로 말합니다.

STEP 3 실전 말하기 훈련

주어진 조건에 맞게 〈문형연습〉을 해봅시다.

I come to school by subway.

1. Do you?
2. Yes
3. by bus?
4. No
5. How?
6. by subway

Unit 08

학습일

일반동사 live, take와 where 의문문

Where do you live, Jane?

당신은 어디에 사나요, 제인?

STEP 1 여러 번 듣고 소리내어 반복해서 읽어보세요.

A **Where do you live, Jane?**
웨얼 두 유 리브, 제인

B **I live in Busan. Where do you live, Chan-ho?**
아이 리브 인 부산. 웨얼 두 유 리브, 찬호

A **I live in Shinsul-dong in Seoul.**
아이 리브 인 신설동 인 서울

B **How do you usually go home?**
하우 두 유 유주얼리 고우 홈

A **I usually take the subway.**
아이 유주얼리 테잌 더 섭웨이

But sometimes I take a bus.
벗 썸타임즈 아이 테이커 버스

A 당신은 어디에 사나요, 제인?
B 부산에 살아요. 당신은 어디에 사나요, 찬호?
A 저는 서울의 신설동에 살아요.
B 대개 어떻게 집에 가세요?
A 지하철을 타고 가요.
그러나 가끔 버스를 타기도 합니다.

live [liv] 살다 **where** [*h*wɛəːr] 어디에, 어느 곳에〈의문사〉 **home** [houm] 집에 **take** [teik] 교통수단에 타다 **subway** [sʌ́bwei] 지하철 **bus** [bʌs] 버스

STEP 2 이것만은 꼭 알아두세요.

Where do you live, Jane?

> where는 장소를 묻는 의문사입니다. 이 의문문을 어떻게 만들어졌는지 살펴 봅시다.

		I	live	in Busan	.
	Do	you	live	in Busan	?
				where	
Where	do	you	live		?

'당신은' 이 강조되는 말이므로 you를 강하게 발음합니다.

I live in Shinsul-dong in Seoul.

> '서울의 신설동에 산다.' 라는 어법으로 in Seoul은 Shinsul-dong을 수식합니다.

I usually take the subway.

> 여기서 take는 '교통기관을 타다' 라는 의미의 타동사로 이 경우에는 subway에 the를 붙입니다.

STEP 3 실전 말하기 훈련

주어진 조건에 맞게 〈문형연습〉을 해봅시다.

I live in Busan.

1. Do you?
2. Yes
3. in Seoul?
4. No
5. Where?
6. in Busan

Unit 09

학습일

출신지 묻고 답하기

Where are you from, Pat?

당신은 어디 출신이죠, 패트?

STEP 1 여러 번 듣고 소리내어 반복해서 읽어보세요.

A **Excuse me. Are you Sun-hee's friend?**
익스큐즈 미. 알 유 선희즈 프랜드

B **Yes, I am. My name is Pat.**
예스, 아이 엠. 마이 네임 이즈 팻

A **My name is Chan-ho.**
마이 네임 이즈 찬호

B **How do you do?**
하우 두 유 두

A **How do you do? Where are you from, Pat?**
하우 두 유 두? 웨어라 유 프롬, 팻

B **I'm from the United States.**
아임 프롬 디 유나이팃 스테이츠

A **What part of the United States are you from?**
왓 팟 옵 디 유나이팃 스테이츠 알 유 프롬

B **New York City. Where are you from, Chan-ho?**
뉴욕 시티. 웨어라 유 프롬, 찬호

A **I'm from Seoul.**
아임 프롬 서울

A 실례합니다. 선희의 친구예요?
B 그래요. 내 이름은 패트예요.
A 제 이름은 찬호예요.
B 안녕하세요.
A 안녕하세요. 당신은 어디 출신이죠, 패트?
B 미국이에요.
A 미국 어느 지방 출신이에요?
B 뉴욕시요. 찬호, 당신은 어디 출신이에요?
A 서울이에요.

Excuse me 실례합니다 **part** [pɑ:rt] 부분, 지방 **from** [frʌm] …에서, …출신의 **the United States** 미국 **New York City** 뉴욕 시

STEP 2 이것만은 꼭 알아두세요.

Excuse me.

> 다른 사람에게 말을 걸거나 앞을 지나가거나 신체를 접촉했을 때 '실례합니다, 미안합니다.' 라는 의미로 사용하는 말입니다. 상용표현이므로 그대로 외워 둡시다. 또한 이것은 사과 표현인 I'm sorry.와 같은 의미이지만 본문과 같은 상황에서 I'm sorry.는 사용할 수 없습니다.

Where are you from? - I'm from the United States.

> 상대방의 출신지를 묻는 법과 그 대답입니다. where로 시작하는 의문문의 구성을 살펴 봅시다.

		I	am	from	the United States	.
	Are	you		from	the United States	?
					where	
Where	are	you		from		?

> Where do you come from? I come from …이라고 출신지를 묻고 답할 수도 있습니다.

What part of the United States are you from?

> 어느 지방 출신인지를 묻는 표현입니다.

STEP 3 실전 말하기 훈련

주어진 조건에 맞게 〈문형연습〉을 해봅시다.

I'm from the United States.

1. Are you?
2. Yes
3. from Canada?
4. No
5. Where?
6. from the United States
7. What part?
8. from New York City

Unit 10

학습일

행선지 묻고 답하기

Where does this bus go?

이 버스는 어디로 갑니까?

STEP 1 여러 번 듣고 소리내어 반복해서 읽어보세요.

A **Excuse me. Do you speak English?**
익스큐즈 미. 두 유 스픽 잉글리쉬

B **Yes, a little.**
예스, 어 리틀

A **Where does this bus go?**
웨얼 더즈 디스 버스 고우

B **Uh ...**
어

A **Do you understand me?**
두 유 언더스탠 미

B **Yes, I understand you.**
예스, 아이 언더스탠 유

This bus goes to Myung-dong.
디스 버스 고우즈 투 명동

A **I see. Thank you.**
아이 씨. 땡큐

B **You're welcome.**
유얼 웰컴

A 실례합니다. 영어를 하십니까?
B 예, 조금합니다.
A 이 버스는 어디로 갑니까?
B 어 ….
A 제가 말하는 것을 아시겠어요?
B 예, 압니다. 이 버스는 명동에 갑니다.
A 알겠습니다. 감사합니다.
B 천만에요.

a little [ʌ lítl] 조금 **Uh** … [ʌ] 어… **I see** 알겠다 **understand** [ʌndərstǽnd] 다른 사람의 말을 알다, 이해하다 **me** [mi] 나를 **You're welcome** 천만에요〈Thank you에 대한 응답〉

STEP 2 이것만은 꼭 알아두세요.

Yes, a little.

> 완전응답은 **Yes, I do. I speak English a little.** 입니다.

> **a little**은 '조금은 (…할 수 있다), 약간' 의 뜻입니다.

Where does this bus go?

> 교통기관의 행선지를 묻는 표현으로 **bus** 대신에 **train**(열차), **ship**(배), **plane**(비행기)으로 바꾸면 다양한 표현이 가능합니다.

Do you understand me?

> **me**는 **I**의 목적격입니다.

Yes, I understand you.

> 여기서 **you**는 '당신을' 의 뜻으로 **you**의 목적격으로 쓰였습니다.

주격	소유격	목적격	소유대명사
I	my	me	mine
you	your	you	yours

Thank you. - You're welcome.

> **You're welcome.**은 **Thank you.**라는 감사의 인사에 대해 '천만에요' 라고 대답할 때 쓰이는 말로 상용표현이므로 그대로 외워 둡시다.

STEP 3 실전 말하기 훈련

주어진 조건에 맞게 〈문형연습〉을 해봅시다.

This bus goes to Myung-dong.

1. Does this bus?

2. Yes

3. to Shinsul-dong?

4. No

5. Where?

6. to Myung-dong

Review

Point 1 주어가 3인칭 단수일 때 평서문의 동사형

my sister(나의 여동생), my father(나의 아버지), he, she, Boss 등 주어가 3인칭 단수 명사나 대명사일 때 평서문에서는

My sister plays the piano very well.
내 여동생은 피아노를 아주 잘 연주합니다.

처럼 동사에 **-s** 또는 **-es**를 붙입니다. 붙이는 방법은 복수형일 때의 **-s**, **-es**를 붙이는 경우와 같으며 **-s**를 붙이는 것이 원칙인데 어미가 **-s**, **-ss**, **-ch**, **-sh**, **-x**로 끝나는 동사와 **go**와 같이 **-o**로 끝나는 동사의 일부는 **-es**를 붙입니다. 하지만 어미가 **-o**로 끝나는 동사는 그리 많지 않습니다.

plays, takes, cleans, reads
teaches, goes, radios (radio「무선 통신하다」의 3인칭 단수형)

또한 동사의 어미가 〈자음철자 + **y**〉로 끝나는 것은 복수형을 만들 때와 같이 **y**를 **i**로 고치고 **-es**를 붙입니다.

(예) **studies** (study「공부하다」 의 3인칭 단수형)

-s, **-es**의 발음도 복수형에서와 같습니다. 즉

1. 무성음으로 끝나는 동사 뒤에서는 [**-s**]로 무성음으로 발음합니다.

   takes [teiks], **hopes** [houps], **laughs** [læfs]

2. 유성음으로 끝나는 동사 뒤에서는 [**-z**]로 유성음으로 발음합니다.

   plays [pleiz], **cleans** [kli;nz], **reads** [ri;dz], **goes** [gouz]

3. [-s-z-f, tʃ d, ks] 음으로 끝나는 동사 뒤에서는 [-z]로 발음합니다.

   teaches [ti:tʃz], **kisses** [kisiz] (kiss「키스하다」의 3인칭 단수형)

영어에는 왜 이러한 관습이 있는 것일까요? 그것은 습관에 의한 것이라고 밖에 대답할 방법이 없습니다. 영어는 유럽 언어 중에서는 그래도 간단한 편입니다. 스페인어나 러시아어 등 대부분의 유럽어는 주어가 1인칭, 2인칭,

3인칭으로 바뀔 때마다 그리고 단수와 복수에 따라 동사의 형태가 변합니다. 고대 영어에서도 그런 관습이 있었지만 다행히 지금은 3인칭 단수형 변화만 남게 된 것입니다.

She lives in the country. 그녀는 시골에 산다.
John likes to go to parties. 존은 파티에 가는 것을 좋아한다.
Julie studies English very hard. 줄리는 매우 열심히 영어 공부를 한다.

Point 2 주어가 3인칭 단수일 때 의문문과 부정문

주어가 3인칭 단수인 경우 의문문·부정문에는 **does** [dʌz]를 사용합니다.

Does your sister play the piano?
당신 여동생은 피아노를 연주합니까?

No, she doesn't. She doesn't play the piano.
아뇨. 그녀는 피아노를 연주하지 않습니다.

does를 사용법은 이미 **have**동사 편에서 배웠으므로 그다지 어렵지 않을 것입니다. 평서문의 3인칭 단수에 붙는 **-s**가 의문문·부정문을 만드는 **do**에 붙어서 **does**가 되고 그 대신에 동사의 **-s**가 없어진다고 생각하면 됩니다.

긍정과 부정의 대답은 다음과 같이 하면 됩니다.

Does your father play golf? 당신 아버지는 골프를 하십니까?
- Yes, he does. He plays golf.
- No, he doesn't. He doesn't play golf.

대답에는 **Yes**, **No**와 **does**, **doesn't**를 강하게 발음해야 합니다.

부정문에서는 단축형 **doesn't**(= **does not**)를 사용하는 것이 보통이지만 단축형으로 하지 않아도 상관없습니다. 단 단축형으로 하지 않으면 부정의 의미가 더욱 강조되어 딱딱한 느낌이 됩니다.

Point 3 역할에 따라 분류되는 자동사와 타동사

play the piano(피아노를 연주하다), **play golf**(골프를 하다), **clean a room**(방을 청소하다) 등과 같이 우리말의 '…을(를)' 에 해당하는 말을 수반하는 동사를 타동사라고 하고, '…을(를)' 에 해당하는 말을 목적어라고 합니다.

그것에 대해

I walk. 나는 걷습니다.

의 **walk**처럼 뒤에 아무 말이 오지 않든가

She goes to elementary school. 그녀는 초등학교에 다닌다.

의 **go**와 같이 뒤에 전치사에 이끌리는 말을 수반하는 동사를 자동사라고 합니다. 이 자동사, 타동사라는 구별은 말하자면 뒤에 동작의 대상이 되는 '…을(를)' 에 해당하는 말이 오느냐 오지 않느냐에 따른 구별인 것입니다.

그런데 **Unit 6**에서 **teach**라는 동사가

He teaches at our school.(그는 우리 학교에서 가르치고 있다. 즉, 그는 우리 학교 선생님이다.)이라는 자동사와 **He teaches English.**(그는 영어를 가르치고 있다.)라는 자동사·타동사로 사용되고 있습니다.

또한 **Unit 5**에 나오는 **read**도 **Who reads all these books?**(누가 이 책들을 읽습니까?) / **He reads every night.**(그는 매일 밤 독서합니다.)의 자동사 · 타동사로 사용되고 있습니다. 동사는 그 의미에서 **teach**, **read**와 같이 본래 '~을 …하다.' 라는 타동사적인 것과 **go**, **come**과 같이 본래의 의미가 자동사적인 것이 있습니다. 그런데 '…을' 에 해당하는 목적어를 알 수 있는 경우에는 생략할 수가 있기 때문에 본래 타동사적인 동사도 자동사의 모습을 취할 수가 있습니다. **He teaches at our school.** 또는 **He reads every night.** 의 **teach**와 **read**가 그 예입니다. 가르치는 것은 과목이고 읽은 것은 책이라는 것을 알 수 있기 때문에 말하지 않은 것입니다.

Point 4

의문사를 이용한 의문문

1 who로 시작하는 의문문

who가 주어인 의문문에는 do, does가 쓰이지 않는다는 것에 주의합시다. 예를 들면,

His father reads all these books. 그의 아버지는 이 모든 책들을 읽는다.

라는 문장을 '누가 이 모든 책들을 읽습니까?' 라는 의문문으로 할 때에는 his father를 who로 바꾸면 됩니다.

Who is she? 그녀는 누구지?
Who pushed her? 누가 그녀를 밀었니?
Who played soccer with him? 누가 그와 축구를 했니?

2 what으로 시작하는 의문문

이 Part에서는 what이 동사의 목적어로 쓰이는 경우를 배웠습니다.

He teaches English. 그는 영어를 가르친다.

라는 평서문을 보통의문문으로 만들면

Does he teach English?

가 됩니다. 무엇을 가르치는지 물을 경우에는 English를 what으로 바꾸고 문두에 내면

What does he teach?

라는 의문문이 됩니다.

What is that? 저것은 무엇입니까?
What does she do after school? 그녀는 방과 후에 무엇을 하니?
What did you buy at the department store?
너는 백화점에서 무엇을 샀니?

③ how로 시작하는 의문문

how는 '어떤 방법으로, 어떻게 해서' 라는 수단, 방법을 묻는 의문사입니다.

You come to school by bus. 당신은 버스로 학교에 온다.

라는 문장을 보통의문문으로 만들면

Do you come to school by bus?

가 됩니다. by bus를 how로 바꾸고 문장 첫머리에 내면

How do you come to school?

이라는 의문문이 됩니다.

How do you go to your office? 사무실에 어떻게 가니?
How did you go to Seoul? 서울에 어떻게 갔니?
How often do you play golf? 당신은 얼마나 자주 골프를 치죠?

④ where로 시작하는 의문문

where는 '어디에(에서)' 라는 장소를 묻는 의문사입니다.

I live in Seoul. 나는 서울에 살고 있다.

라는 문장을 보통의문문으로 만들면

Do you live in Seoul?

이 됩니다. in Seoul을 where로 바꾸고 문장 첫머리에 내면

Where do you live?

라는 의문문이 됩니다.

Where are you from? 어디 출신이죠?
Where do you live? 어디 살아요?
Where are we now? 우리 지금 어디에 있죠?

Point 5 인칭대명사

이 Part에서는 인칭대명사의 단수형인 **I, you, he, she, it,** 복수형인 **we, you, they**의 주격(주어가 되는 형태), 소유격(소유관계를 나타내는 형태), 목적격(동사의 목적어가 되는 것으로 '…을'에 해당하는 형태), 소유대명사('…의 것'에 해당하는 형태)가 모두 나왔습니다.

표로 종합해 보면 다음과 같습니다.

	단 수				복 수			
	주격	소유격	목적격	소유대명사	주격	소유격	목적격	소유대명사
1인칭	I	my	me	mine	we	our	us	ours
2인칭	you	your	you	yours	you	your	you	yours
	he	his	him	his				
	she	her	her	hers	they	their	them	theirs
3인칭	it	its	it	-				

주어 자리엔 주격(~은, 는, 이, 가)을, 소유격 자리엔 소유격(~의)을, 목적격 자리엔 목적격(~을, 를)을, 소유대명사 자리엔 소유대명사(~의 것)를 사용합니다. 위의 표를 확실하게 암기하여 문맥에 맞게 사용합시다.

인칭대명사 **we, you, they**가 특정인을 나타내지 않고, 막연한 일반사람을 나타내는 경우가 있습니다. 이를 일반인 주어라고 하며, '~사람은'이라고 해석하거나 종종 해석하지 않기도 합니다.

They speak English in Australia. 호주에서는 영어를 쓴다.
We have much rain in summer. 여름에 비가 많이 온다.

학원을 이기는

독학 영어 첫걸음

Part 3

명령문과 감탄문

Unit 01

학습일

명령문 '~하세요'

Read this sentence.

이 문장을 읽으세요.

STEP 1 여러 번 듣고 소리내어 반복해서 읽어보세요.

A **Good morning, class.**
굿 모닝, 클래스

B **Good morning, Miss Green.**
굿 모닝, 미스 그린

A **Look at the board, everybody. Chul-ho?**
룩캣 더 보드, 에브리바디. 철호

B **Yes, ma'am.**
예스, 맘

A **Read this sentence.**
리드 디스 센텐스

B **We study English.**
위 스터디 잉글리쉬

A **Very good. Sit down. Now write the sentence in your notebooks, everybody.**
베리 굿. 씻 다운. 나우 롸잇 더 센텐스 인 유얼 노트북스, 애브리바디

A 여러분, 안녕하세요?
B 안녕하세요, 그린 선생님.
A 여러분, 칠판을 보세요. 철호?
B 네.
A 이 문장을 읽으세요.
B 우리는 영어를 공부합니다.
A 아주 좋아요. 앉으세요. 자, 여러분, 이제 그 문장을 노트에 쓰세요.

good morning 안녕하세요〈아침인사〉 **look at** …을 보다〈정지해 있는 사물을 볼 때 사용한다〉 **ma'am** [mæ(:)m, mɑ:m] 여성에 대한 정중한 호칭 cf. sir **board** [bɔ:rd] 칠판 **everybody** [évribɑ̀di] 여러분, 모두 **sentence** [séntəns] 문장 **sit down** 앉다 **now** [nau] 자, 그러면 **write** [rait] 쓰다

STEP 2 이것만은 꼭 알아두세요.

Good morning, class.

> class는 '반 학생들' 이라는 의미로 학급 전체를 부를 때 사용합니다.

Look at the board, everybody.

> 이와 같은 문장을 명령문이라고 합니다.

> '…하세요' 라고 할 때에는 주어를 생략하고 동사의 원형으로 문장을 시작합니다.

> everybody는 부르는 말이므로 말끝을 올리는 것이 보통입니다.

Yes, ma'am.

> ma'am은 여성에 대한 경칭으로 학교에서는 여자선생님에 대한 호칭으로 쓰입니다. 남자선생님은 sir라고 부릅니다.

Read this sentence. & Sit down. & Now write the sentence ….

> 모두 명령문입니다.

STEP 3 실전 말하기 훈련

다음 문장을 명령문으로 바꾸어 봅시다.

1. You look at the board.
2. You read this sentence.
3. You sit down.
4. You write the sentence in your notebook.

Unit 02

학습일

please '~해 주세요'

Please say that again.

그것을 다시 말해 주세요.

STEP 1 여러 번 듣고 소리내어 반복해서 읽어보세요.

A **Now repeat after me.**
나우 리핏 애프터 미

B **Miss Green?**
미스 그린

A **Yes?**
예스

B **Please say that again.**
플리이즈 세이 댓 어게인

A **All right. Repeat after me.**
올 롸잇. 리핏 애프터 미

B **Miss Green, please read the text again.**
미스 그린, 플리이즈 리드 더 텍스트 어게인

A **O.K. Now listen carefully.**
오우케이. 나우 리쓴 케어플리

A 자, 저를 따라서 말하세요.
B 그린 선생님?
A 예?
B 그것을 다시 말씀해 주세요.
A 좋아요. 저를 따라서 말하세요.
A 그린 선생님, 본문을 다시 읽어 주세요.
B 좋아요. 그러면 잘 들으세요.

repeat [ripíːt] 반복하다, 반복해서 말하다 **after** [ǽftər] …의 뒤에 **please** [pliːz] 부디 **say** [sei] 말하다 **again** [əgén, əgéin] 다시 **all right** [ɔːl rait] 좋다, 알았다 **text** [tekst] 본문 **listen** [lísən] 듣다 **carefully** [kέərfəli] 주의 깊게

STEP 2 이것만은 꼭 알아두세요.

Now repeat after me.

> after와 같은 전치사 뒤의 인칭대명사는 목적격(me, him, her)이 옵니다.

Yes?

> 이 yes는 부르는 것에 대해 '예, 뭐죠?' 라고 응답하는 것입니다.

Please say that again.

> 명령문에 please를 붙이면 '미안하지만 …해 주세요' 라고 정중하게 요구하는 표현이 됩니다.

Now listen carefully.

> listen 만으로도 '잘 듣다' 라는 의미이지만 carefully를 붙이면 더욱 의미가 강해집니다.

STEP 3 실전 말하기 훈련

다음 문장을 보기와 같이 바꾸어 말해 봅시다.

| 보기 |

You say that again.

(Say) Say that again.
(Please) Please say that again.

1. You read the text again. a. Read b. Please
2. You write it in your notebook. a. Write b. Please
3. You listen carefully. a. Listen b. Please

Unit 03

학습일

Be로 시작하는 명령문과 금지명령

Be quite, everyone!

모두 조용히 하세요!

STEP 1 여러 번 듣고 소리내어 반복해서 읽어보세요.

A **Chul-ho, how do you spell "listen"?**
철호, 하우 두 유 스펠 "리쓴"

B **L-i-s-e-n, lisen.**
엘 아이 에스 이 엔, 리쓴

A **No, it's l-i-s-t-e-n, listen.**
노우, 잇츠 엘 아이 에스 티 이 엔, 리쓴

Now spell it again.
나우 스펠 잇 어게인

B **L-i-s-t-e-n, listen.**
엘 아이 에스 티 이 엔, 리쓴

A **Be quiet, everyone! Don't talk in class.**
비 콰이엇, 애브리원! 돈ㅌ 톡 인 클래스

A 철호, "listen"은 어떻게 쓰죠?
B l – i – s – e – n, lisen입니다.
A 아니에요, l – i – s – t – e – n, listen이에요.
철자를 다시 말해 봐요.
B L – i – s – t – e – n, listen.
A 모두 조용히 하세요! 수업 중에 이야기하지 마세요.

spell [spel] 단어의 철자를 말하다 **be** [bi:] am, are, is의 원형 **quiet** [kwáiət] 조용한 **everyone** [évri:wʌn] 모두, 여러분 = everybody **talk** [tɔ:k] 말하다 **listen** [lísən] 듣다

STEP 2 이것만은 꼭 알아두세요.

Chul-ho, how do you spell listen?

> '…의 철자는 어떻게 됩니까?' 라고 단어의 철자를 묻는 표현입니다.

L-i-s-e-n, lisen.

> 한 글자 한 글자씩 철자의 이름을 말하고 있습니다. 단 이 철자는 잘못되어 있음을 말하고 있습니다.

Be quiet, everyone!

> 형용사 또는 명사를 수반해서 '…하시오' 라는 명령은 **Be ~**로 시작됩니다. 이 **be**는 **am, is, are**의 원형이라고 부릅니다.

Don't talk in class.

> '…하지 마시오' 라는 금지의 명령은 **Don't ~**로 시작한다. 여기에 **please**를 붙이면 정중하게 금지를 요구하는 표현이 됩니다.

STEP 3 실전 말하기 훈련

다음을 명령문으로 고치고 말해 봅시다.

1. You are quiet.
2. You don't talk in class.
3. You are a good boy.
4. You are careful.
5. You don't look at the textbook.

Unit 04

학습일

Don't be ~로 시작하는 금지명령

Don't be noisy, children.

얘들아 떠들지마.

STEP 1 여러 번 듣고 소리내어 반복해서 읽어보세요.

A **Jane! Ted! Breakfast is ready.**
제인! 텟! 블랙퍼슷 이즈 레디

Come down quickly!
컴 다운 퀴클리

B **Yes, Mother.**
예스, 마더

A **Don't be noisy, children.**
돈ㅌ 비 노이지, 췰드런

Be quiet at the table.
비 콰이엇 앳 더 테이블

B **Yes, Mother.**
예스, 마더

A 제인! 테드! 아침 먹어라.
빨리 내려와!

B 네, 엄마.

A 얘들아, 떠들지 마.
식탁에서는 조용히 해.

B 네, 엄마.

breakfast [brékfəst] 아침식사 **ready** [réadi] 준비가 된 **come down** 내려오다 **quickly** [kwíkli] 빨리, 곧장 **noisy** [nɔ́izi] 시끄러운 **at the table** 식탁에서, 식사 중에

STEP 2 이것만은 꼭 알아두세요.

Breakfast is ready.

> 식사 준비가 되어 부르는 표현으로 **breakfast**를 점심식사(**lunch**), 저녁식사 (**dinner**)로 바꾸어 응용할 수 있습니다. 단 식사 이름에는 관사를 붙이지 않습니다.

Come down quickly!

> 여기서 **come down**은 계단을 내려오는 것으로 아이들 방이 **2**층에 있다는 것을 알 수 있습니다.

Don't be noisy, children.

> 형용사 또는 명사를 수반하고 **be**동사를 이용해서 '…해서는 안 된다' 라는 명령을 말할 때는 **Don't be** …라고 합니다.

STEP 3 실전 말하기 훈련

다음을 명령문으로 바꾸고 말해 봅시다.

1. You come down quickly.
2. You are not noisy.
3. You don't talk in class.
4. You are quiet at the table.

Unit 05

학습일

Let's ~ '~합시다'

Let's play baseball.

야구합시다.

STEP 1 여러 번 듣고 소리내어 반복해서 읽어보세요.

A **Let's play baseball.**
렛츠 플레이 베이스볼

B **Yes, let's. Do you have a ball?**
예스, 렛츠. 두 유 해버 볼

A **Yes. I have a bat, too.**
예스. 아이 해버 뱃, 투

B **Fine. Let's begin!**
파인. 렛츠 비긴

A **O.K!**
오우케이

A 야구합시다.
B 그래요, 해요. 공 가지고 있나요?
A 네. 배트도 있어요.
B 좋아요. 시작합시다!
A 좋아요!

let's [lets] ~하자 **baseball** [béisbɔ̀:l] 야구 **bat** [bæt] 야구 배트 **begin** [bigín] 시작하다

STEP 2 이것만은 꼭 알아두세요.

Let's play baseball.

> Let's ~는 Let us ~의 단축형으로 '…하자(합시다)' 라고 할 때는 보통 단축형을 사용합니다. Let's ~는 친근한 사이에 권유하는 표현입니다.

Yes, let's.

> Let's ~에 대한 응답으로 '예, 합시다' 라는 전형적인 대답의 하나입니다. 이 외에 All right. / O.K. 등으로 대답할 수도 있습니다.

Fine.

> 상대방이 말한 것에 찬성하는 것으로 '좋아요, 좋군요' 를 의미합니다.

O.K!

> Let's ~에 대한 대답의 하나로 감탄부호(!)가 붙어 있는 것은 힘을 주어서 말한 것을 나타냅니다.

STEP 3 실전 말하기 훈련

다음의 권유에 대답해 봅시다.

1. Let's play tennis.
2. Let's go to school.
3. Let's go home.
4. Let's have lunch.

Unit 06

학습일

Let's ~의 부정형

Let's not climb this one.

이 나무에 오르지 말자.

STEP 1 여러 번 듣고 소리내어 반복해서 읽어보세요.

A **Let's climb that tall tree.**
렛츠 클라임 댓 톨 츠리

B **O.K. You go first.**
오우케이. 유 고우 풔슷

A **All right.**
올 롸잇

B **Watch your step.**
왓치 유얼 스텝

A **Help!**
헬프

B **Are you all right?**
알 유 올 롸잇

A **Yes, but this is dangerous!**
예스, 벗 디씨즈 데인줘러스

Let's not climb this one.
렛츠 낫 클라임 디스 원

B **No, let's not.**
노우, 렛츠 낫

A 저 큰 나무에 올라가자.
B 좋아. 네가 먼저 올라가.
A 좋아.
B 발밑을 조심해.
A 도와 줘.
B 괜찮니?
A 응, 그런데 이 나무는 위험해! 이 나무에 오르지 말자.
B 그래, 그러자.

climb [klaim] 오르다 **tree** [triː] 나무 **watch** [wɑtʃ, wɔːtʃ] …을 보다, 가축 등을 지키다 **step** [step] 걸음, 발판 **help** [help] 돕다, 구원하다 **dangerous** [déindʒərəs] 위험한

STEP 2 이것만은 꼭 알아두세요.

You go first.

> 이 문장도 명령문입니다. 지금까지는 주어를 생략한 명령문만을 공부했지만 특별히 상대방의 주의를 환기시키기 위해서는 이 문장과 같이 **you**를 붙여서 명령문을 만듭니다.

Watch your step.

> '발밑을 조심해.' 라는 관용구로 **step** 대신에 **head**(머리)를 넣으면 '머리 조심' 이라는 말이 됩니다.

Let's not climb this one.

> '~하는 것을 그만 둡시다' 는 **Let's not ~**으로 표현합니다. 이 외에 **Don't let's ~ / Let's don't ~**라고도 하지만 미국영어에서는 일반적으로 **Let's not ~**을 사용합니다.

No, let's not.

> **Let's not ~**에 대해 '그래, 그러지 말자' 라는 대답으로 이 경우의 **no**는 '아니오.' 가 아니라 '그래, 예' 라는 우리말에 해당합니다.

STEP 3 실전 말하기 훈련

다음을 보기와 같이 바꿔 말해 봅시다.

| 보기 |

We study English.
(Let's)　　Let's study English.

We don't play baseball.
(Let's not)　Let's not play baseball.

1. We play the piano. (Let's)　　***2.*** We go by train. (Let's)
3. We don't do that. (Let's not)

Unit 07

학습일

what을 이용한 감탄문

Oh, what a nice smell!

아, 냄새 참 좋군!

STEP 1 여러 번 듣고 소리내어 반복해서 읽어보세요.

A **What's this, Jane?**
왓츠 디스, 제인

B **It's pancake mix.**
잇츠 팬케잌 믹스

A **Let's make some pancakes.**
렛츠 메잌 썸 팬케잌스

B **All right. Please add some milk.**
올 롸잇. 플리즈 애드 썸 밀크

A **O.K. Here you are.**
오우케이. 히어 유 알

B **Fine. Now let's cook them.**
파인. 나우 렛츠 쿡 댐

A **Oh, what a nice smell!**
오, 와러 나이스 스멜

A 제인, 이게 뭐죠?
B 팬케익 가루요.
A 팬케익을 만들어요.
B 좋아요. 우유를 조금 넣어 줘요.
A 알겠어요. 여기 있어요.
B 좋아요. 자, 이제 요리를 합시다.
A 아, 냄새 참 좋군!

pancake mix 팬케익용 분말 **make** [meik] 만들다 **pancake** [pǽnkeik] 팬케익 **add** [æd] 첨가하다 **milk** [milk] 우유 **cook** [kuk] 불을 사용해서 요리하다 **smell** [smel] 냄새

STEP 2 이것만은 꼭 알아두세요.

Let's make some pancakes. Now let's cook them.

> 요리를 하는 것은 일반적으로 make를 사용하는데 특히 불을 사용해서 찌거나 굽거나 하는 요리는 cook을 사용합니다. 따라서 샌드위치, 샐러드, 김치 등을 만드는 것은 make를 쓰고 cook이라고는 하지 않습니다.

> some은 막연한 복수를 나타내는 말입니다.

Please add some milk.

> 이 some은 '약간'이라는 의미로 수량을 나타내는 명사에 붙습니다. 위에는 '조금'이라고 번역해 두었지만 번역하지 않아도 좋습니다.

Oh, what a nice smell!

> 감탄표현의 하나로 what을 이용한 것입니다.

That's	a	very		nice	smell	.
		What	a	nice	smell	!

> 이 어법은 that's에 해당하는 부분을 생략하고 very(또는 이에 상당하는 말)를 what으로 바꾼 것입니다. 관사의 위치에 주의하고 문장 뒤에는 감탄부호(!)를 붙입니다.

STEP 3 실전 말하기 훈련

다음을 보기와 같이 what을 이용한 감탄문으로 말해 봅시다.

| 보기 |

That's a very nice smell. → What a nice smell!

1. That's a very beautiful flower.
2. That's a very big ship.
3. She is a very kind girl.
4. He's a very tall man.
5. This is a very small radio.

Unit 08

학습일

how를 이용한 감탄문

How cute!

아, 귀엽다!

STEP 1 여러 번 듣고 소리내어 반복해서 읽어보세요.

A **Is that your puppy?**
이즈 댓 유얼 퍼피

B **Yes.**
예스

A **How cute! Come here, puppy.**
하우 큣! 컴 히어, 퍼피

B **His name is Brownie. Do you like dogs?**
히스 네임 이즈 브라우니. 두 유 라잌 독스

A **Yes, very much.**
예스, 베리 머취

Do you want some cookies, Brownie?
두 유 원 썸 쿠키스, 브라우니

B **Please don't give anything to him.**
플리즈 돈ㅌ 기브 애니씽 투 힘

He only eats dog food.
히 오운리 잇츠 독 푿

A 그거 당신 강아지인가요?
B 네.
A 아, 귀엽다! 이리와, 강아지야.
B 이름은 브라우니예요. 당신은 개를 좋아하나요?
A 네, 아주 좋아해요.
과자 좀 줄까, 브라우니?
B 아무 것도 주지 마세요.
개먹이만 먹거든요.

puppy [pʌ́pi] 강아지 **Brownie** [bráuni] 브라우니〈개 이름〉 **cookies** [kúkiz] 쿠키 **give** [giv] 주다
eat [iːt] 먹다 **food** [fuːd] 음식 **anything** [éniθìŋ] (not과 함께 쓰여) 아무 것도

STEP 2 이것만은 꼭 알아두세요.

How cute!

> how를 이용한 감탄표현입니다.

He	is	very	cute	.
		How	cute	!

> 이 표현은 he is에 해당하는 부분을 생략하고 very(또는 그에 상당하는 말)를 how로 바꿔 말하는 것입니다. 문장 끝에는 감탄부호를 붙이며 what 감탄문과 비교해 보면 what 감탄문은 뒤에 명사가 오는 것이 특징입니다.

He	is	a	very		cute	puppy	.
			What	a	cute	puppy	!

Please don't give anything to him.

> don't로 시작되는 금지의 명령이지만 please를 붙여서 정중한 명령을 나타냅니다.

> not ~ anything은 '아무 것도 ~않다' 라는 뜻을 나타냅니다.

STEP 3 실전 말하기 훈련

다음을 보기와 같이 how를 이용한 감탄문으로 말해 봅시다.

| 보기 |

That's very nice. → How nice!

1. This is very beautiful. **2.** That's very small. **3.** That's very big.

Review

Point 1 명령문

명령문이란 명령, 경고, 부탁, 금지 등을 나타내며,

Look at the board, everybody. 여러분, 칠판을 보세요.

와 같이 주어를 생략하고 동사로 시작하는 문장을 말합니다. 마침표를 찍거나 느낌표를 써서 강조해 주기도 하며 이와 같은 문장은 보통 '…하세요' 라는 의미가 되므로 명령문이라 하는데 '…좀 해 주십시오' 라는 부탁하는 문장이나 '자, …합시다' 라고 권유하는 문장도 문법적으로는 명령문이라 할 수 있습니다. 명령이나 부탁은 상대방에 대해 하는 것이므로 생략된 주어는 you '당신, 당신들' 입니다. 명령문에서는 you를 생략하는 것이 보통이지만,

You look at the board. 이봐요, 칠판을 보세요.

와 같이 주어를 붙일 수도 있습니다. 이것은 상대방에게 주의를 환기시키려는 의도이므로 you를 강하게 내리는 어조로 말합니다.

그럼 명령문에 주어가 붙을 수도 있다고 하면 평서문과는 어떻게 구별할까요? 명령문은 주어를 붙이지 않는 것이 보통이므로 주어를 생략할 수 있다면 명령문인 것입니다. 또한 보통 문장의 내용이나 전후관계로 알 수 있습니다.

명령문에는 어떤 것이 있는가를 여기에서 살펴봅시다.

1 …하세요

주어를 생략하고 동사로 문장을 시작하고 '…하고 있으세요' 라고 형용사나 명사 쪽에 의미의 중심이 있는 명령문은 Be ~로 문장을 시작합니다.

Sit down.	앉으세요.
Read this sentence.	이 문장을 읽으세요.
Be quiet, everyone.	모두 조용히 하세요.

2 정중한 부탁

please를 사용하며 일반적으로 please는 동사 앞에 붙이지만 문장 끝에 붙

일 수도 있습니다.

Please say that again. 그걸 다시 말해 주십시오.
Sit down, please. 앉아 주십시오.

3 금지 명령

'…하지 마세요' 라는 금지 명령은 **Don't** ~로 시작하며 '…하지 말아 주십시오' 라고 정중히 금지하는 경우에는 **please**를 붙입니다.

Don't talk in class. 수업 중에 이야기하지 마세요.
Don't be noisy. 떠들지 마세요.
Please don't look at the textbook. 교과서를 보지 마십시오.

4 권유

'…합시다' 라고 권유할 때는 **Let's** ~를 쓰며 대답으로는 **Yes, Let's. / O.K. / All right.** 등이 있습니다. '…하지 맙시다' 는 **Let's not** ~이고 대답은 **No, let's not. / O.K. / All right.** 등으로 할 수 있습니다.

Let's play baseball. 야구하자.
- Yes, Let's. / O.K. / All right. 그래.
Let's not climb this tree. 이 나무에 오르지 말자.
- No, let's not. / O.K. / All right. 그러자.

let's에 어퍼스트로피(')를 붙이는 이유는 **let us**가 단축되었기 때문인데 현대 영어에서는 **let's**와 **let us**는 다른 의미가 되므로 분해하지 않고 **let's**로 해야 '~합시다' 라는 말이 된다고 알아둡시다.

Point 2 감탄문

강한 감정을 나타내는 문장으로 느낌표로 끝맺으며 '참 …이군요!' 라는 감탄은 **what**을 사용하는 경우와 **how**를 사용하는 경우의 **2**가지가 있습니다. 이때의 **what**이나 **how**에는 의문의 의미는 없습니다.

1 what을 이용한 감탄표현

what으로 시작하고 뒤에 형용사나 명사가 오며 관사는 what 뒤에 놓입니다. 복수명사가 올 때에는 물론 관사 a는 붙지 않습니다. 따라서 어순은

What + a + 형용사 + 명사!

가 되고 쓸 때에는 문장 뒤에 종지부호 대신에 감탄부호(!)를 붙입니다.

What a nice smell! 냄새 좋군요!
What a small radio! 참 작은 라디오군요!

2 how를 이용한 감탄표현

how로 시작하고 뒤에 형용사가 옵니다. 부사가 오는 경우도 있지만 이 Part에서는 형용사가 오는 경우만 공부했습니다. what을 사용하는 표현과 다른 점은 뒤에 형용사만 오지 명사가 오지 않는다는 것입니다. 따라서 관사도 붙지 않습니다. 어순은

How + 형용사!

가 됩니다. 표기할 때에는 문장 끝에 감탄부호(!)를 붙입니다.

How cute! 아이, 귀여워!
How beautiful! 아, 아름답다!

what 또는 how를 사용하지 않고 감탄을 나타내는 어법은 다양합니다. 예를 들면

Beautiful!

이라고 감탄한 기분을 담아 말해도 '아름답군요.' 라는 말이 되고,

That's very beautiful!

도 역시 감탄의 기분을 담아 말하면 '그거 아주 예쁘네요!' 라는 감탄 표현이 됩니다. 따라서 what 또는 how를 사용하는 어법은 문법적으로 특정한 형식에 따른 전형적인 감탄 표현이라는 것입니다.

Part 4

시간 표현

Unit 01

학습일

시간 묻고 답하기

What time is it?

몇 시입니까?

STEP 1 여러 번 듣고 소리내어 반복해서 읽어보세요.

A **What time is it?**
왓 타임 이즈 잇

B **It's six o'clock.**
잇츠 씩스 어클락

A **In the morning or in the evening?**
인 더 모닝 오어 인 디 이브닝

B **In the evening. It's six o'clock in the evening.**
인 디 이브닝. 잇츠 씩스 어클락 인 디 이브닝

A **What time do you have dinner?**
왓 타임 두 유 해브 디너

B **At seven.**
앳 세븐

A 몇 시입니까?
B 6시입니다.
A 아침입니까, 저녁입니까?
A 저녁입니다. 저녁 6시입니다.
B 몇 시에 저녁식사를 합니까?
A 7시에 합니다.

time [taim] 시, 시간, 시각 **o'clock** [əklák] …시〈정각인 시간일 때 쓴다〉 **dinner** [dínər] 저녁식사〈하루 중 가장 주된 식사〉

STEP 2 이것만은 꼭 알아두세요.

What time is it?

> 이 it은 시간을 나타내는 it이므로 우리말로 해석하지 않습니다.

> is에 강한 강세가 있습니다.

> 시간을 묻는 방법은 다양합니다. 상대방이 대답해 줄 수 있을 거라는 가정 하에 의문사를 이용하여 직접 묻는 **What is the time?**, **What time do you have?**나 간접적으로 묻는 **Do you have the time?**, **Do you have a watch?** 등이 있으며 **What time is it?** 외에 **Tell me the time.**으로 물을 수도 있습니다.

It's six o'clock.

> o'clock은 of the clock을 생략한 것으로 의미는 '…시' 라는 정각인 시각을 나타내며 '…시 …분' 이라고 분까지 말할 때에는 쓰지 않습니다. o'clock은 생략해도 관계 없습니다.

> 몇 분 전이나 몇 분 후가 아닌 정각임을 강조하는 말로 **on the nose**, **on the dot**, **sharp** 등이 있습니다.

In the morning or in the evening?

> in the morning은 '오전에', in the evening은 '저녁에' 이지만 시각 뒤에 붙으면 '오전 (…시)', '저녁 (…시)' 의 의미가 됩니다. in the evening은 대개 오후 6시 이후에 쓰며 그 전의 시간은 in the afternoon을 씁니다.

At seven.

> We have dinner at seven.을 생략한 말입니다.

> 이와 같이 o'clock은 생략할 수 있습니다.

STEP 3 실전 말하기 훈련

주어진 조건에 맞게 〈문형연습〉을 해봅시다.

It's six o'clock in the evening.

1. Is it?
2. Yes
3. in the morning?
4. No
5. What time?
6. six o'clock in the evening

Unit 02

학습일

시계에 관한 표현

It's 11:02(eleven-o-two).

11시 2분입니다.

STEP 1 여러 번 듣고 소리내어 반복해서 읽어보세요.

A **It's exactly 11:00 a.m.(eleven a.m.) by my watch.**
잇츠 이그잭틀리 일레븐 어클락 에이 엠 바이 마이 워치

What time is it by your watch?
왓 타임 이즈 잇 바이 유얼 워치

B **It's 11:02(eleven-o-two.)**
잇츠 일레븐 오우 투

A **11:02?**
일레븐 오우 투

B **Yes. But my watch is wrong. It's two minutes fast.**
예스. 벗 마이 워치 이즈 렁. 잇츠 투 미닛츠 패슷

A **I see. Then my watch is correct.**
아이 씨. 댄 마이 워치 이즈 커렉트

It always keeps good time.
잇 올웨이즈 킵스 굿 타임

A 제 시계로는 정각 오전 11시입니다.
당신의 시계는 몇 시죠?
B 11시 2분입니다.
A 11시 2분이요?
B 네, 그런데 제 시계는 틀려요. 2분 빠릅니다.
A 알겠어요. 그러면 제 시계가 정확하군요.
제 시계는 항상 잘 맞아요.

exactly [igzǽktli] 꼭, 정확히 **a.m.** [æm] 오전의〈시간 뒤에 붙는다〉 **by** [bai] …로, …에 의하면 **wrong** [rɔːŋ, rɑŋ] 틀린, 상태가 나쁜 **minute** [mínit] 분 **correct** [kərékt] 옳은, 정확한 **noon** [nuːn] 정오 **always** [ɔ́ːlweiz] 항상, 늘 **keep** [kiːp] 어떤 상태를 유지하다, 지키다 / **p.m.** [píːem] 오후의〈시간 뒤에 붙는다〉

STEP 2 이것만은 꼭 알아두세요.

It's exactly 11:00 a.m.(eleven a.m.) by my watch.

> exactly는 '꼭, 정확히' 라는 뜻입니다.

> 11:00 a.m.은 ( ) 속과 같이 읽으며 a.m.은 '오전의' 라는 기호로 시간 뒤에 붙입니다. 이와 같이 시각을 숫자로 쓸 경우에는 시와 분 사이에 (:)(colon)을 붙이는데 왼쪽이 '…시', 오른쪽이 '…분' 을 나타냅니다.

> by my watch는 '내 시계로는' 라는 뜻입니다.

It's 11:02(eleven-o-two).

> 11:02는 ( ) 속과 같이 읽습니다. 일반적으로 '…분' 부분도 기수로 읽고 one ~ nine까지는 o [ou]-one, o [ou]-two …와 같이 o [ou]를 넣어서 말합니다.

But my watch is wrong.

> wrong은 '틀린, 맞지 않는', 반대로 '맞는, 정확한' 은 right 또는 correct를 사용합니다.

It's two minutes fast.

> 시계가 빠를 때에는 fast를 쓰고 반대는 slow입니다.

STEP 3 실전 말하기 훈련

다음을 영어로 말해 봅시다.

1. 10:20 a.m.
2. 3:35 p.m.
3. 11:18 a.m.
4. 2:05 p.m.
5. 8:45 a.m.
6. 12:00 noon

Unit 03

학습일

시간 말하기

It's twenty-five minutes after eight. 8시 25분입니다.

STEP 1 여러 번 듣고 소리내어 반복해서 읽어보세요.

(1) A It's eight twenty-five.
잇츠 에잇 투엔티 파이브

B It's twenty-five minutes after eight.
잇츠 투엔티 파이브 미닛츠 애프터 에잇

(2) A It's nine thirty.
잇츠 나인 썰티

B It's half after nine.
잇츠 하프 애프터 나인

(3) A It's ten thirty-five.
잇츠 텐 썰티 파이브

B It's twenty-five minutes before eleven.
잇츠 투엔티 파이브 미닛츠 비풔 일레븐

(4) A It's seven forty-five.
잇츠 세븐 풔티 파이브

B It's a quarter before eight.
잇처 쿼터 비풔 에잇

(1) A 8시 25분입니다.
B 8시 25분입니다.

(2) A 9시 30분입니다.
B 9시 반입니다.

(3) A 10시 35분입니다.
B 11시 25분 전입니다.

(4) A 7시 45분입니다.
B 8시 15분 전입니다.

past [pæst] 시간이 …을 지나 **half** [hæf] 반, 1/2, 30분 **quarter** [kwɔ́ːrtər] 1/4, 15분

STEP 2 이것만은 꼭 알아두세요.

It's twenty-five minutes after eight.

> **past**는 '…지난' 이라는 전치사로 글자대로는 **'25**분 지난 **8**시' 라는 의미입니다. 이 경우에는 **30**분을 지날 때까지는 **after**를 이용하며, **30**분을 넘기면 **to**를 사용하고 다음 시간(여기에서는 **9**시)이 와서 '…분 전' 이라는 어법으로 합니다. **after** 대신에 **past**를, **before** 대신에 **to**를 사용할 수도 있습니다.

It's half after nine.

> **half**는 '반' 이라는 의미로 시간을 말할 때는 **1**시간의 반 즉, **30**분을 나타냅니다. 보통 **thirty minutes**라고 하지 않고 **half**를 씁니다.

It's twenty-five minutes before eleven.

> 위에서 설명한 것처럼 **30**분을 넘어서면 **before**를 사용해서 '…분 전' 으로 합니다.

It's a quarter before eight.

> **quarter**란 **1/4**로 시간을 말할 때는 **1**시간의 **1/4** 즉, **15**분을 나타냅니다. **fifteen minutes**를 사용하지 않고 보통 **quarter**를 씁니다.

STEP 3 실전 말하기 훈련

다음을 두 가지의 다른 표현으로 말해 봅시다.

1. 9 : 12
2. 11 : 03
3. 7 : 15
4. 8 : 30
5. 4 : 45
6. 10 : 55

Unit 04

학습일

have로 시간 묻기

What time do you have?

몇 시입니까?

STEP 1 여러 번 듣고 소리내어 반복해서 읽어보세요.

A **What time do you have?**
왓 타임 두 유 해브

B **I have 8:20.**
아이 해브 에잇 투엔티

A **Is your watch correct?**
이즈 유얼 워치 커렉트

B **Yes. My watch always keeps good time.**
예스. 마이 워치 올웨이즈 킵스 굿 타임

A **I see. Thank you.**
아이 씨. 땡큐

A 지금 몇 시입니까?
B 8시 20분입니다.
A 당신 시계는 정확합니까?
B 네. 내 시계는 항상 잘 맞습니다.
A 알겠어요. 고마워요.

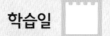

correct [kərékt] 옳은, 정확한 **always** [ɔ́:lweiz] 항상, 늘 **keep** [ki:p] 어떤 상태를 유지하다, 지키다

STEP 2 이것만은 꼭 알아두세요.

What time do you have?

> 시계를 가지고 있는 사람에게 '당신 시계는 몇 시입니까?' 라고 묻는 표현입니다.

I have 8:20.

> What time do you have?라는 물음에 대해 대답할 때는 이렇게 합니다.

Is your watch correct?

> '시계가 정확하다' 는 correct 또는 right을 쓰고 반대로 '시계가 틀리다' 고 할 때는 wrong을 씁니다.

My watch always keeps good time.

> '시계가 잘 맞는다' 는 keep good time이라는 표현을 쓰고 My watch is always correct.도 같은 의미입니다.

STEP 3 실전 말하기 훈련

주어진 조건에 맞게 〈문형연습〉을 해봅시다.

I have eight twenty.

1. Do you?
2. Yes
3. eight thirty?
4. No
5. What time?
6. eight twenty

Unit 05

학습일

시간 표현 (1) What time ~?

What time do you get up?

몇 시에 일어나세요?

STEP 1 여러 번 듣고 소리내어 반복해서 읽어보세요.

A **What time do you get up?**
왓 타임 두 유 게럽

B **I usually get up at six.**
아이 유주얼리 게럽 앳 씩스

A **How many hours do you sleep?**
하우 메니 아워즈 두 유 슬립

B **I sleep eight hours.**
아이 스립 에잇 아워즈

A **What time do you leave for school?**
왓 타임 두 유 리브 풔 스쿨

B **About eight.**
어바웃 에잇

A 몇 시에 일어나세요?
B 보통 6시에 일어나요.
A 몇 시간 자나요?
B 8시간 자요.
A 몇 시에 학교에 가죠?
B 8시쯤에요.

get up [get ʌp] 일어나다 **at** [æt] …시에 **hour** [áuər] 시간 **sleep** [sliːp] 자다 **leave** [liːv] 출발하다, 떠나다 **for** [fɔːr] …로 향해서 **about** [əbáut] …경(쯤)

STEP 2 이것만은 꼭 알아두세요.

What time do you get up?

> 이 문장의 구성을 살펴 봅시다.

			I	get up	at six	.
		Do	you	get up	at six	?
what time	do	you	get up		what time	?

What time do you get up?

> '…시에' 의 '…에' 에 해당하는 전치사는 at이지만 what time의 어법에는 생략하는 것이 보통입니다.

> get up은 '잠자리에서 일어나다' 의 뜻입니다.

I usually get up at six.

> 시각을 나타내는 전치사 at에 주의합시다.

> 빈도부사 usually는 일반동사 앞, be동사나 조동사 뒤에 씁니다.

I sleep eight hours.

> '~시간을 …하다' 일 때 전치사는 없습니다.

What time do you leave for school?

> leave for …는 '…로 향해 떠나다' 의 뜻입니다.

About eight.

> I leave for school about eight.을 생략한 것. about은 '…경, …쯤'

STEP 3 실전 말하기 훈련

주어진 조건에 맞게 〈문형연습〉을 해봅시다.

I usually get up at six.

1. Do you?
2. Yes
3. at seven?
4. No
5. What time?
6. at six

Unit 06

학습일

시간 표현 (2) What time ~?

What time do you get to school?

몇 시에 학교에 도착합니까?

STEP 1 여러 번 듣고 소리내어 반복해서 읽어보세요.

A **What time do you get to school?**
왓 타임 두 유 겟 투 스쿨

B **I get to school about 8:20.**
아이 겟 투 스쿨 어바웃 에잇 투엔티

A **What time does your school begin?**
왓 타임 더즈 유얼 스쿨 비긴

B **It begins at eight thirty.**
잇 비긴즈 앳 에잇 써티

A **When do you go home?**
웬 두 유 고우 홈

B **Around three.**
어라운 쓰리

A **When do you have dinner?**
웬 두 유 해브 디너

B **We usually have dinner at seven o'clock.**
위 유주얼리 해브 디너 앳 세븐 어클락

A 몇 시에 학교에 도착합니까?
B 8시 20분 쯤에 도착해요.
A 학교는 몇 시에 시작하나요?
B 8시 30분에 시작해요.
A 언제 집에 가죠?
B 3시쯤에요.
A 언제 저녁을 먹나요?
B 대개 7시에 저녁을 먹어요.

get [get] 〈to와 함께 쓰여〉 도착하다, 도달하다 **when** [*h*wen] 언제, 몇 시에〈의문사〉 **around** [əráund] …쯤

STEP 2 이것만은 꼭 알아두세요.

What time does your school begin?

> **your school**은 **3**인칭 단수이므로 **does**를 씁니다.

When do you go home?

> **when**은 **what time**과 같은 의미로 주로 막연한 '때'를 묻는 데 쓰입니다.

> **go home**은 '귀가하다'라는 의미로 **go**라는 동사가 쓰이고 있으므로 학교에서 집으로 출발한다는 것을 말합니다.

Around three.

> **around**는 '…경(무렵)'이라는 의미로 **about**과 같은 뜻으로 쓰입니다.

We usually have dinner at seven o'clock.

> **we**를 사용한 것은 가족들도 포함해서 말하고 있기 때문입니다.

> **usually**는 빈도부사로 일반동사 앞, **be**동사나 조동사 뒤에 위치합니다. 여기서 **have**는 '먹다'의 뜻으로 일반동사로 쓰여 **usually**가 **have** 앞에 위치하고 있습니다.

> **dinner**는 하루 중 가장 정식인 식사로 보통 저녁 식사를 가리키며 식사 이름에는 관사를 붙이지 않습니다.

STEP 3 실전 말하기 훈련

주어진 조건에 맞게 〈문형연습〉을 해봅시다.

We usually have dinner at seven.

1. Do you?
2. Yes
3. at six?
4. No
5. When?
6. at seven

Unit 07

학습일

시간 표현 (3) When do ~?

When do you study?

공부는 언제 하나요?

STEP 1 여러 번 듣고 소리내어 반복해서 읽어보세요.

A **What do you do after dinner?**
왓 두 유 두 애프터 디너

B **I watch television.**
아이 워치 텔러비전

A **When do you study?**
웬 두 유 스터디

B **I study before dinner.**
아이 스터디 비풔 디너

A **What time do you go to bed?**
왓 타임 두 유 고 투 배드

B **At ten o'clock.**
앳 텐 어클락

A 저녁 식사 후에는 뭘 하죠?
B 텔레비전을 봐요.
A 공부는 언제 하나요?
B 저녁 식사 전에 공부해요.
A 몇 시에 자요?
B 10시에요.

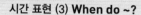

television [téləvìʒən] 텔레비전 **before** [bifɔ́:r] …전에 **go to bed** 자다, 취침하다

STEP 2 이것만은 꼭 알아두세요.

What do you do after dinner?

> 뒤의 **do**는 '…을 하다' 라는 뜻의 일반동사입니다.

I watch television.

> **television**은 여기에서는 텔레비전 방송을 말하며 관사는 붙이지 않습니다. **TV** [tiː-viː]라고도 하며 '텔레비전을 보다' 의 '보다' 는 **watch**를 사용한다는 점에 주의합시다. **look at**은 칠판이나 그림 등 움직이지 않는 것을 보는 경우에 사용하고 **watch**는 텔레비전, 영화, 스포츠 경기 등 움직이는 것을 보는 경우에 사용합니다.

What time do you go to bed?

> **go to bed**는 '자다' 라는 의미로 자러 가는 동작을 나타내는 말입니다. 따라서 잠이 들었는가 아닌가는 문제가 되지 않습니다. 따라서 '잠이 들다' 는 **get to sleep**이라고 합니다.

STEP 3 실전 말하기 훈련

주어진 조건에 맞게 〈문형연습〉을 해봅시다.

I watch television after dinner.

1. Do you?
2. Yes
3. before dinner?
4. No
5. When?
6. after dinner

Unit 08

학습일

시간 표현 (4) When is ~?

When is your birthday?

생일이 언제입니까?

STEP 1 여러 번 듣고 소리내어 반복해서 읽어보세요.

A **When is your birthday?**
웬 이즈 유얼 벌스데이

B **It's October 27.**
잇츠 악토버 투엔티 세븐

A **October 27? That's today!**
악토버 투엔티 세븐? 댓츠 투데이

B **Yes. Today is my birthday.**
예스. 투데이 이즈 마이 벌스데이

A **Happy birthday!**
해피 벌스데이

B **Thank you. When is your birthday?**
땡큐. 웬 이즈 유얼 벌스데이

A **Mine is July 5.**
마인 이즈 줄라이 핍스

A 생일이 언제입니까?
B 10월 27일입니다.
A 10월 27일이요? 오늘이잖아요!
B 그래요. 오늘이 제 생일입니다.
A 생일 축하해요!
B 고마워요. 당신 생일은 언제입니까?
A 7월 5일입니다.

birthday [bə́ːrθdei] 생일 **happy** [hǽpi] 행복한, 즐거운

STEP 2 이것만은 꼭 알아두세요.

When is your birthday?

> when은 이와 같이 '때'를 묻는 데도 쓸 수 있습니다. When is …?의 … 위치에 여러 가지 말을 넣어서 응용할 수 있습니다.

It's October 27.

> October 27은 October (the) twenty-seventh라고 읽습니다.

> 이때의 주어 it은 비인칭 주어로 해석하지 않습니다.

October 27?

> Is your birthday October 27?를 생략한 것으로 의문문이므로 말끝을 올립니다.

Happy birthday!

> '생일 축하해요'라는 관용어이므로 암기해두세요.

When is your birthday?

> '그런데 당신 생일은 언제입니까?'라는 말이므로 your를 강하게 말합니다.

Mine is July 5.

> mine은 my birthday를 말합니다.

> July 5는 July (the) fifth로 읽습니다.

> July와 같은 달이나 요일은 고유명사이므로 항상 대문자로 쓴다는 것에 유의합시다.

STEP 3 실전 말하기 훈련

주어진 조건에 맞게 〈문형연습〉을 해봅시다.

My birthday is October 27.

1. Is your birthday?
2. Yes
3. October 28?
4. No
5. When?
6. October 27

Point 1 시간에 대하여

이 Part에서는 시간에 관한 표현을 중심으로 공부하였습니다. 우리는 시간을 '8시 25분' 또는 '1시 55분' 과 같이 말하는 것이 보통이지만 영어에서는 시간을 말하는 다른 표현이 있습니다. 예를 들면 30분까지는 after를 사용해서 '…분 지난 …시' 라고 하는 것과, 30분을 지나면 before를 써서 '…분 전 …시' 라는 어법이 있습니다.

1 숫자만을 읽어서 시간을 말하는 법

8시 20분이면 8:20처럼 '…시' 에 해당하는 부문을 왼쪽에 쓰고, 다음에 콜론(:)을 쓰고 오른쪽에 '…분' 에 해당하는 숫자를 표기합니다. 읽는 법은 eight twenty로 숫자만 읽으면 됩니다. 단 '…분' 이 1부터 9까지의 수인 경우에는 10:05처럼 0을 넣어서 쓰고, 말할 때에도 ten-o[ou] five처럼 o를 [ou]라고 읽는 것이 보통입니다. 정각인 시각은 10:00처럼 쓰고 ten이라 읽고 00은 읽지 않습니다. 또한 오전은 a.m. [éiém]을, 오후는 p.m. [píːém]을 숫자 뒤에 넣습니다. 이것은 라틴어의 약자로 문자 뒤에 피어리어드(종지부호)를 붙이고 소문자로 표기해야 합니다.

(예) **5:05 a.m.** **(five-o-five a.m.)**
9:10 a.m. **(nine ten a.m.)**
10:10 p.m. **(ten ten p.m.)**
11:52 p.m. **(eleven fifty-two p.m.)**

정오 12시는 자정 12시와 구별하기 위해 12:00 noon이라고 표기하고 twelve noon [twelv nuːn]이라고 읽습니다. noon은 '정오' 라는 의미입니다. 자정 12시는 12:00 midnight이라고 표기하고 twelve midnight [mídnàit] 이라고 읽습니다. midnight이란 '한 밤중' 이라는 의미입니다.

이와 같이 시간을 말하는 법은 열차의 시간이나 학교·회사의 업무시간 등에서만 쓰였고 일반 가정의 일상생활에서는 사용되지 않았었지만, 현재는 이 표현법이 주로 쓰이고 있습니다. 간단하고 능률적이기 때문입니다.

2 o'clock

o'clock은 생략, 단축의 표시인 어퍼스트로피가 붙어 있는 것에서도 알 수 있듯이 of the clock을 단축한 말입니다. 그러나 오늘날 영어에서는 of the clock은 쓰이지 않습니다. 이 말은 9시 또는 10시 등 정각인 시간을 말하는 데 씁니다. 예를 들면 nine o'clock 또는 ten o'clock처럼 정각인 시간 뒤에 붙이고 '…시 …분' 처럼 '…분' 이 붙을 때는 사용하지 않으므로 주의가 필요합니다. o'clock은 생략해도 관계없습니다.

3 …분 지난 …시, …분전 …시

이 어법은 다소 까다롭습니다. 간단히 종합하면 다음과 같습니다.

a. 30분까지는 after나 past를 사용해서

twenty-five minutes after[past] eight 8시 25분

b. 30분을 지나면 '…분 전' 이라는 표현으로 하며 전치사는 before나 to를 사용합니다.

thirteen minutes before[to] three 13분전 3시(2시 47분)

c. 15분은 quarter, 30분은 half를 쓰는 것이 보통이지만 fifteen minutes, thirty minutes라고 해도 틀린 것도 아닙니다.

(예) **a quarter after[past] ten** 10시 15분
a quarter before[to] eleven 11시 15분전(10시 45분)
half after six 6시 30분(6시 반)

half는 '절반' 이라는 의미이므로 우리말의 '…시 반' 이라는 어법과 비슷합니다. 또한 미국에서는 quarter 앞에 관사 a를 붙이지 않는 것이 보통입니다.

d. 오전은 in the morning, 오후는 보통 오후 6시 무렵까지는 in the afternoon, 그 이후는 in the evening으로 나타냅니다.

Point 2 시간 묻고 답하기

'지금 몇 시입니까?' 는 보통

What time is it?

이라고 합니다. 이 경우의 what time은 '몇 시' 에 해당하는 말이고 it은 시각을 나타내는 특별한 대명사입니다. 전에 공부한 대명사 it은 한 번 화제에 올랐던 것을 받은 대명사였지만 시간을 나타내는 it은 특별히 받고 있는 것이 없습니다. 이와 같은 it을 '시간을 나타내는 it - 비인칭 주어 it' 이라고 부릅니다. 뒤에서도 나오지만 it에는 이외에도 여러 가지 용법이 있다는 것을 알아 둡시다.

우리말에서는 '지금 몇 시입니까?' 라고 '지금' 이라는 말을 붙이는 게 보통인데 영어에서는 What time is it?이라고 하는 것이 일반적이고 What time is it now?에서 now(지금)는 보통 붙이지 않습니다.

따라서 What time is it?이라는 물음에 '지금 7시에요.' 는

It's seven o'clock.

으로 시간을 나타내는 it을 사용해서 대답합니다. 이때 o'clock은 생략해도 좋습니다.

'지금 7시 10분입니다.' 는

It's ten minutes after seven.

이라고 하든지

It's seven ten.

이라고 하면 되는데 전자 쪽이 다소 격식을 차린 말입니다.

또한 have를 이용해서 시간을 물을 수도 있습니다. 이때는

What time do you have? 지금 몇 시 입니까?

라고 합니다. 이것은 상대방이 시계를 가지고 있다는 것을 알 수 있을 때 묻

는 것입니다. have는 '가지고 있다.' 라는 의미이므로 '당신 시계로는 몇 시입니까?' 라고 묻는 것과 같은 것입니다. 상대방이 시계를 가지고 있는지 모를 경우에는 우선

Do you have the time? 시계를 가지고 있습니까?

이라고 묻는 것이 좋습니다. What time do you have?에 대한 대답은

I have 8:20. 8시 20분입니다.

로 역시 have를 사용해서 대답하는 것이 보통입니다.

만일 시계를 가지고 있지 않다면

I'm sorry. I don't have a watch. 미안하지만 시계를 가지고 있지 않아요.

라고 하면 됩니다.

Point 3 시계에 관한 표현

이 Part에서는 시계에 관한 표현을 몇 가지 배웠습니다. 다시 한번 복습해 봅시다.

1 시계가 정확하다 / 틀리다

'정확하다' 는 correct 또는 right, '틀리다' 는 wrong을 사용합니다.

My watch is correct [right]. 내 시계는 정확합니다.
Your watch is wrong. 당신 시계는 틀려요.

'시간이 잘 맞는다' 는 keep good time이라고 합니다.

My watch always keeps good time. 내 시계는 항상 잘 맞습니다.

2 시계가 빠르다 / 늦다

'빠르다' 는 fast를, '늦다' 는 slow를 사용합니다.

My watch is two minutes fast. 내 시계는 2분 빠릅니다.
Your watch is three minutes slow. 당신 시계는 3분 늦어요.

③ '…의 시계로' 라는 말

시계를 나타내는 전치사는 **by**입니다.

What time is it by your watch? 당신 시계로 몇 시입니까?
It's 8:05 by my watch. 내 시계로 8시 5분입니다.

Point 4 습관을 말할 때

'당신은 몇 시에 …합니까?', '나는 보통 …시에 ~합니다' 라는 표현에서 '항상(always)' 또는 '대개(usually)' 라는 말을 사용할 수도 있지만 영어에서는

What time do you get up? 당신은 몇 시에 일어납니까?

에 '보통, 대개' 의 의미가 들어 있으므로 **always**, **usually**를 쓰지 않아도 됩니다. '항상, 대개' 라는 말을 넣어서 의미를 확실하게 하고 싶을 경우에만 **always** 또는 **usually**를 사용하면 되는 것입니다. 이러한 습관을 나타낼 때 동사는 항상 현재형을 사용합니다.

He always wears blue jeans. 그는 늘 청바지를 입습니다.
I usually take a bus to school. 나는 대개 학교에 버스를 타고 갑니다.

always나 **usually**는 조동사 및 **be** 동사의 다음에, 일반동사의 앞에 놓이지만, 조동사 또는 **be**동사가 강조될 때는 그 앞에 놓기도 합니다.

'…시에' 에 해당하는 전치사는 **at**입니다. 따라서 '몇 시에 …합니까?' 는 **at what time**으로 해야겠지만 **what time**이 부사처럼 사용되어 **at**이 생략되는 것입니다.

Point 5

what time과 when

what time과 when은 같은 의미로 사용될 때가 많습니다. 예를 들면 What time do you get up?은

When do you get up? 언제 일어납니까?

과 같은 의미이지만 what time이 확실한 시각을 묻는 말인데 비해 when은 막연하게 '언제쯤, 어느 때에' 라는 의미도 있으므로 의미가 넓습니다. 이것이 what time과 when의 차이입니다. 따라서 what time은 시간에서 사용되지만 when은

When is your birthday? 생일이 언제입니까?

라고 날짜를 물을 때도 쓰입니다. 그러나

What time is it? 지금 몇 시입니까?

에서는 what time 대신에 when을 사용할 수는 없습니다.

학원을 이기는

독학 영어 첫걸음

Part 5

존재를 나타내는 표현

Unit 01 학습일

There is ~

There is a mitt on the table.

테이블 위에 야구 글러브가 있네요.

STEP 1 여러 번 듣고 소리내어 반복해서 읽어보세요.

A **This is my big brother's room.**
디씨즈 마이 빅 브라더즈 룸

B **There is a mitt on the table.**
데어리즈 어 밋 온 더 테이블

A **He's a good baseball player.**
히즈 어 굿 베이스볼 플레이어

B **Is he? There's a golf club by the window.**
이즈 히? 데어즈 어 골프 클럽 바이 더 윈도우

A **He is a good golfer, too.**
히 이즈 어 굿 골퍼, 투

A 이곳이 형 방입니다.
B 테이블 위에 야구 글러브가 있네요.
A 형은 야구를 잘해요.
B 그래요? 창문 옆에 골프채가 있군요.
A 형은 골프도 잘해요.

there is …가 있다 **mitt** [mit] 야구 포수 1루수용 글러브 **player** [pléiə*r*] 스포츠를 하는 사람, 선수 **there's** [ðɛəːrz] there is의 단축형 **club** [klʌb] 골프채 **by** [bai] …의 옆에, …의 곁에 **window** [wíndou] 창문 **golfer** [gálfə*r*] 골프를 하는 사람, 골퍼

STEP 2 이것만은 꼭 알아두세요.

There is a mitt on the table.

> There is …는 '…가 있다' 라는 표현입니다.

> 보통 '…에' 라는 장소를 나타내는 말과 함께 사용됩니다.

> There is … 부분은 약한 강세를 두고 가볍게 발음합니다.

He's a good baseball player.

> '그는 야구를 잘한다.' 로 He plays baseball very well.과 같은 의미로 일반적으로 '…를 잘한다' 는 이렇게 표현합니다.

cf. He's a good golfer. 그는 골프를 잘 친다.

Is he?

> Is he a good baseball player?를 줄인 것으로 문장의 첫 부분을 의문형으로 해서 '그래요?' 라는 맞장구를 만들 수 있습니다.

There's a golf club by the window.

> there's는 there is의 단축형으로 회화에서는 단축형을 쓰는 것이 보통입니다.

> by는 '…의 옆에' 라는 뜻의 전치사지만 막연히 가까이에 있는 것을 나타낼 수도 있습니다.

STEP 3 실전 말하기 훈련

그림을 보고 보기와 같이 말해 봅시다.

| 보기 |

(예) **(on the table)**
There's a mitt on the table.
(under the table)
There's a bat under the table.

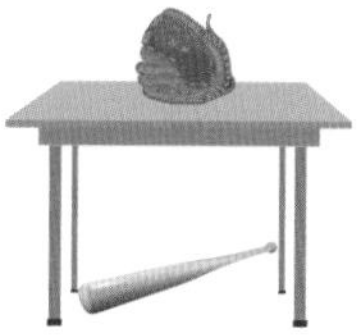

1. on the desk
2. under the desk
3. on the wall
4. by the desk

Unit 02

학습일

Is there ~?

Is there a post office near here?

이 근처에 우체국이 있습니까?

STEP 1 여러 번 듣고 소리내어 반복해서 읽어보세요.

A **Excuse me.**
익스큐즈 미

Is there a post office near here?
이즈 데어러 포슷 오퓌스 니어 히어

B **Yes, there's one around the corner.**
예스, 데어즈 원 어롸운 더 코너

A **Is there a bank near here?**
이즈 데어러 뱅크 니어 히어

B **No, there isn't.**
노우, 데어리즌ㅌ

There is no bank around here.
데어리즈 노우 뱅크 어롸운 히어

A 실례합니다.
이 근처에 우체국이 있습니까?

B 예, 모퉁이를 돌면 하나 있습니다.

A 이 근처에 은행이 있습니까?

B 아뇨, 없습니다.
근처에 은행은 없습니다.

post office [póustɔ̀(:)fis] 우체국 **near** [niər] …의 가까이에 **around** [əráund] …를 돌아서, …의 근처에 **corner** [kɔ́:rnər] 모퉁이 **bank** [bæŋk] 은행

STEP 2 이것만은 꼭 알아두세요.

Is there a post office near here?

	There	is	a post office	near here	.
Is	there		a post office	near here	?

> He is …. → Is he …?와 같은 요령으로 의문문을 만들고 말끝은 올리는 어조로 합니다.

Yes, there's one around the corner.

> 완전응답은 Yes, there is. There's a post office around the corner입니다. 이 경우 Yes, there is.의 'is'에 강한 강세를 두고 말합니다. 이 부분에는 단축형을 사용할 수 없습니다.

> around the corner는 '모퉁이를 돌면'이라는 뜻입니다.

No, there isn't. There is no bank around here.

> 부정의 완전응답으로 No, there isn't.의 "isn't"에 강한 강세를 둡니다. 뒤의 There is no bank …, There isn't a bank …로 말하는 경우는 별로 없고 There is no … 로 하는 것이 보통입니다.

STEP 3 실전 말하기 훈련

주어진 조건에 맞게 〈문형연습〉을 해봅시다.

There is a post office around the corner.

1. Is there?

2. Yes

3. a bank?

4. No

Unit 03

학습일

There are ~ / Are there ~?

Are there any fish in it?

그 연못에는 물고기가 있나요?

STEP 1 여러 번 듣고 소리내어 반복해서 읽어보세요.

A **There is a park near my house.**
데어리즈 어 팍 니어 마이 하우스

B **Is there a pond in the park?**
이즈 데어러 폰드 인 더 팍

A **Yes, there's a small one.**
예스, 데어즈 어 스몰 원

B **Are there any fish in it?**
알 데어래니 피시 인 잇

A **Yes, there are a lot of them.**
예스, 데어라 어 랏 옵 댐

B **Are there any rowboats?**
알 데어래니 로우보우츠

A **No, there aren't any.**
노우, 데어란트 애니

A 우리 집 근처에는 공원이 있어요.
B 그 공원에 연못이 있나요?
A 예, 작은 연못이 있어요.
B 그 연못에는 물고기가 있나요?
A 예, 많이 있어요.
B 보트도 있나요?
A 아뇨, 하나도 없어요.

park [pɑːrk] 공원 **pound** [paund] 연못 **fish** [fiʃ] 물고기〈단수형과 복수형이 동일하며, 여기에서는 복수형〉
there are …가 있다〈there is …의 복수형〉 **rowboat** [róubòut] 노로 젓는 배, 보트

STEP 2 이것만은 꼭 알아두세요.

Are there any fish in it?

> There is …의 복수형인 There are …의 의문형입니다.

	There	are	a lot of fish	in the pond	.
Are	there		a lot of fish	in the pond	?

> any를 쓰는 것은 물고기가 있는지 없는지를 묻고 있기 때문입니다.

> fish는 단수·복수가 같은 형태로 영어에는 이와 같은 단어가 많습니다. 단 다른 종류의 물고기를 말할 때는 fishes [fiʃiz]라는 복수형으로 합니다.

Yes, there are a lot of them.

> 완전응답은 Yes, there are. There are a lot of fish입니다. 이 경우 Yes, there are.의 are는 강하게 발음합니다.

No, there aren't any.

> '한 적도 없다' 라는 의미로 not any라고 하고 있는데 No, there aren't.로 대답해도 됩니다.

STEP 3 실전 말하기 훈련

주어진 조건에 맞게 〈문형연습〉을 해봅시다.

There are a lot of fish in the pond.

1. Are there?

2. Yes

3. any rowboats?

4. No

Unit 04

학습일

How many ~ are there ~?

How many English teachers are there? 영어 선생님은 몇 분 계신가요?

STEP 1 여러 번 듣고 소리내어 반복해서 읽어보세요.

A **How many students are there in your school?**
하우 매니 스튜던츠 알 데어린 유얼 스쿨

B **There are about five hundred.**
데어라 어바웃 파이브 헌드렛

A **Are there any foreign students?**
알 데어래니 풔린 스튜던츠

B **Yes, there are two.**
예스, 데어라 투

One is British and the other is Chinese.
원 이즈 브리티쉬 앤 디 아더리즈 좌이니즈

A **How many English teachers are there?**
하우 매니 잉글리쉬 티춰즈 알 데얼

B **There are three.**
데어라 쓰리

A 당신의 학교에는 학생이 몇 명 있나요?
B 약 500명 있어요.
A 외국인 학생은 있나요?
B 네, 2명 있어요.
한 사람은 영국인이고 다른 사람은 중국인이에요.
A 영어 선생님은 몇 분 계신가요?
B 세 분 계세요.

foreign [fɔ́(:)rin] 외국의 **British** [brítiʃ] 영국의: 영국 사람의 **other** [ʌ́ðər] 다른 것 **Chinese** [tʃainíːz] 중국의: 중국 사람의

STEP 2 이것만은 꼭 알아두세요.

How many students are there in your school?

> how many에 동일하게 강세를 두고 발음합니다. 양을 물을 때는 how much를 쓴다는 것을 알아둡시다.

> 이 문장의 구성을 살펴 봅시다.

		There	are	about five hundred students	in our school	.
	Are	there		a lot of students	in your school	?
How many students	are	there		how many students	in your school	?

> Are there about five hundred students in your school?이라는 것은 어색하므로 a lot of로 바뀌어 있습니다.

There are about five hundred.

> how many는 의문사이므로 대답에는 Yes, No.가 없습니다.

One is British and the other is Chinese.

> one과 other는 '하나는 ~이고 다른 하나는 …'라는 뜻으로 두 개의 것(사람)에 사용합니다.

STEP 3 실전 말하기 훈련

주어진 조건에 맞게 〈문형연습〉을 해봅시다.

There are about five hundred students in our school.

1. a lot of students?
2. Yes
3. any Canadian students?
4. No
5. How many students?
6. about five hundred

Unit 05

학습일

존재를 나타내는 be동사(~에 있다) (1)

I'm here.

저 여기 있어요.

STEP 1 여러 번 듣고 소리내어 반복해서 읽어보세요.

A **Emily! Where are you?**
에밀리! 웨어라 유

B **I'm here.**
아임 히어

A **Where? Are you in the living room?**
웨얼? 알 유 인 더 리빙 룸

B **No, I'm in the kitchen.**
노우, 아임 인 더 키친

A 에밀리! 어디 있니?
B 저 여기 있어요.
A 어디니? 거실에 있니?
B 아뇨, 부엌에 있어요.

living room [líviŋ ru:m] 거실 **kitchen** [kítʃin] 부엌

STEP 2 이것만은 꼭 알아두세요.

Emily!

> 이 표현은 딸의 이름을 부르고 있는 것입니다. 감탄부호(!)는 큰 소리로 부르는 것을 나타냅니다.

Where are you? I'm here.

(a)	What	are	you	?	I	am	a teacher		
(b)	Where	are	you	?	I	am		here	.

> (**a**)와 (**b**)는 문장의 형태는 같지만 (**a**)의 **be**동사는 '…이다' 라는(**I = a teacher**)의 역할을 하고 있습니다. (**b**)의 **be**동사는 '…에 있다' 라는 존재를 나타냅니다. 이와 같이 존재를 나타내는 **be**동사에는 뒤에 장소를 나타내는 부사가 옵니다. **here**(여기에), **there**(거기에)에서와 같이 한 단어도 오지만 **in the living room**(거실에)과 같은 〈전치사 **+** 명사〉의 구의 형태도 이용됩니다.

STEP 3 실전 말하기 훈련

주어진 조건에 맞게 〈문형연습〉을 해봅시다.

I'm in the kitchen.

1. Are you?
2. Yes
3. in the living room?
4. No
5. Where?
6. in the kitchen

Unit 06

학습일

존재를 나타내는 be동사(~에 있다) (2)

Is John at home?

존은 집에 있어요?

STEP 1 여러 번 듣고 소리내어 반복해서 읽어보세요.

A **Is John at home?**
이즈 존 앳 홈

B **No, he isn't.**
노우, 히 이즌ㅌ

A **Where is he?**
웨어리즈 히

B **He's still at school. Are you John's friend?**
히즈 스틸 앳 스쿨. 알 유 존스 프랜드

A **Yes. What time does he usually come home?**
예스, 왓 타임 더즈 히 유주얼리 컴 홈

B **He usually comes home at three.**
히 유주얼리 컴스 홈 앳 쓰리

A 존은 집에 있어요?
B 없어요.
A 어디에 있죠?
B 아직 학교에 있어요. 당신은 존의 친구입니까?
A 예. 존은 대개 몇 시에 들어옵니까?
B 보통 3시에 들어와요.

at home 집에 **still** [stil] 아직, 지금도 **at school** 학교에, 수업 중에

STEP 2 이것만은 꼭 알아두세요.

Is John at home?

> 위의 **is**는 '…에 있다' 라는 의미를 나타냅니다. **at home**은 '집에', **be at home**은 '집에 있다' 가 됩니다.

Where is he?

> 여기의 **is**도 존재를 나타내며 **is**에 강한 강세를 두고 말합니다.

He's still at school.

> **at school**로 '수업 중에' 의 뜻으로 이 경우 **school**에는 관사가 붙지 않습니다.

> **still**은 긍정문에서 '아직도, 여전히' 라는 계속의 의미를 나타냅니다.

〈 참고 〉

> **already**는 긍정문에서는 '이미, 벌써' 의 뜻이고, 의문문이나 부정문에서는 '그렇게 빨리, 벌써' 라는 놀람을 나타냅니다.

She has got up **already.** 그녀는 이미 일어났다.

Has he started **already**? 그는 벌써 출발했습니까?

> **yet**은 부정문에서는 '아직' 의 뜻이고, 의문문에서는 '이미, 벌써' 라는 뜻을 나타냅니다.

The work is not **yet** finished. 그 일은 아직 끝나지 않았다.

Haven't you seen the movie **yet**? 그 영화를 아직 보지 못하셨나요?

Are you John's friend?

> 상대방이 이름 또는 존과의 관계를 말하지 않아서 묻고 있는 것인데 자신의 이름과 신분은 처음부터 밝히는 것이 좋습니다.

STEP 3 실전 말하기 훈련

주어진 조건에 맞게 〈문형연습〉을 해봅시다.

John is at school.

1. Is John?
2. Yes
3. at home?
4. No
5. Where?
6. at school

Unit 07

학습일

존재를 나타내는 be동사(~에 있다) (3)

It's on the table.

식탁 위에 있어.

STEP 1 여러 번 듣고 소리내어 반복해서 읽어보세요.

A **Hurry up! It's 7:50.**
허리 업! 잇츠 세븐 핍티

B **Yes, Mother. Where's my lunch box?**
예스, 마더. 웨얼즈 마이 런취 박스

A **It's on the table.**
잇츠 온 더 테이블

B **Where's my bag?**
웨얼즈 마이 백

A **It's under the table.**
잇츠 언더 더 테이블

B **Where's my subway pass?**
웨얼즈 마이 섭웨이 패스

A **It's in your pocket. Hurry up!**
잇츠 인 유얼 파킷. 허리 업

B **O.K. Good-by.**
오우케이. 굿바이

A 서둘러! 7시 50분이야.
B 예, 어머니. 제 도시락 어디 있어요?
A 식탁 위에 있어.
B 제 가방은 어디 있죠?
A 테이블 밑에 있어.
B 지하철 패스는 어디 있어요?
A 주머니에 있어. 서둘러!
B 예. 다녀올게요.

hurry [hə́:ri] 서두르다 **hurry up** 〈주로 명령문으로 쓰여〉 서두르다 **lunch box** [lʌntʃ bɑks] 도시락 **box** [bɑks] 뚜껑이 있는 상자 **pass** [pæs] 정기권, 무료 입장권

STEP 2 이것만은 꼭 알아두세요.

Hurry up!

> '서둘러라!' 라는 명령문으로 **hurry**와 **up**을 같은 강세로 발음합니다.

Where's my lunch box?

> **where's**는 **where is**의 단축형입니다.

It's on the table.

> **It's**는 **It is**의 축약형으로 **is**도 존재를 나타내며 우리말의 '있다' 에 해당합니다.

> 본문에서는 **on** 외에 **under, in** 등 장소를 나타내는 전치사가 나오고 있습니다. 의미와 용법에 주의합시다.

Good-by.

> 여기서 위의 표현은 우리말의 '다녀오겠습니다' 에 해당하는 인사로 영어로는 **Good-by**가 흔히 쓰입니다.

STEP 3 실전 말하기 훈련

주어진 조건에 맞게 〈문형연습〉을 해봅시다.

Your lunch box is on the table.

1. Is my lunch box?
2. Yes
3. under the table?
4. No
5. Where?
6. on the table

Review

Point 1 There is … / There are …

'…가 …에 있다' 라는 의미로 단수에 관해 말할 때는 **There is** …를, 복수에 관하여 말할 때에는 **There are** …를 사용합니다. 발음은 **there is**는 [ðɛəːr iz], **there are**는 [ðɛəːr ər]로 가볍게 발음하며 다음에 오는 명사 부분을 강하게 발음합니다. 회화에서 **there is**는 **there's** [ðɛəːrz]라는 단축형이 쓰입니다. 사람이든 사물이든 '있다' 라는 것을 나타낼 경우에는 **there is, there are**를 쓰고, 이때 **there**는 '거기에' 의 개념이 아닙니다. '거기에' 라고 말할 경우에는 문장 끝에 **there**를 붙입니다.

There are two women there. 거기에 두 명의 여자가 있다.

이 어법에서는 보통 '…가 …에 있다' 처럼 장소를 확실히 나타냅니다. 문장 속에 장소를 나타내는 말이 없더라도 그 전후를 찾아보면 반드시 나타나 있습니다. 즉, 말하지 않아도 알 수 있어서 생략하는 경우를 제외하고는 장소를 나타내야 하는 것입니다.

There is a mitt on the table. 테이블 위에 글러브가 있다.
There is a chair by the desk. 책상 옆에 의자가 있다.
There are a lot of fish in the pond. 연못에 물고기가 많다.

이처럼 장소를 나타내는 전치사 **on, by, in** 등의 의미를 알고 있어야 합니다.

이 표현의 의문문은

There is …. → **Is there …?**
There are …. → **Are there …?**

와 같이 어순을 바꾸고 말끝을 올려서 말합니다.

단수인 경우의 완전응답은

Yes, there is. There's a …. 예, 있습니다. …에 …가 있습니다.
No, there isn't. There's no …. 아뇨, 없습니다. …에 …가 없습니다.

로 하는데 **Yes, there is. / No, there isn't.**와 같이 **Yes**와 **is**, **No**와 **isn't**를 강하게 발음합니다. 완전응답이 아닐 경우에는 **Yes. / No.**만으로 할 수

도 있고 Yes, there is. / No, there isn't.로 할 수도 있습니다. 긍정대답에서는 Yes, there's.라고 단축형을 사용할 수 없지만 부정대답인 경우에는 No, there's not.으로 단축형을 사용할 수 있는데 의미상으로 보면 No, he isn't.보다 No, he's not. 쪽이 강한 부정을 나타내는 것과 같은 느낌이 들어 있습니다. 또한 부정대답에서는 예를 들면 Is this a book?에 대해 No, it isn't. It isn't a book.이라고 대답하듯이 Is there a book on the table?에 대해 No, there isn't. There isn't a book on the table.이라는 대답은 영어에서는 어색하므로 보통 There's no book on the table.처럼 no를 써서 대답합니다. 이 no는 형용사로 '하나도 없는' 의 의미입니다.

복수에 대해 완전응답은

Yes, there are. There are ....
예, 있습니다. …에 …가 있습니다.

No, there aren't. There aren't any ....
아뇨, 없습니다. …에 …은 하나도 없습니다.

로 합니다. 대답의 생략은 단수인 경우와 같습니다.

(예) **Is there a clock on the desk?**
책상 위에 시계가 있습니까?

- Yes, there is.
예, 있습니다.

Is there a bank around here?
이 근처에 은행이 있습니까?

- No, there isn't. There's no bank around here.
아뇨, 없습니다. 이 근처에 은행은 없습니다.

Are there any fish in the pond?
그 연못에는 물고기가 있습니까?

- Yes, there are. There are a lot of them in it.
예, 있습니다. 물고기가 많이 있습니다.

Are there any rowboats in the pond?
그 연못에는 보트가 있습니까?

- No, there aren't. There aren't any rowboats in it.
아뇨, 없습니다. 그 연못에 보트는 하나도 없습니다.

위와 같이 복수에 Are there any …?처럼 any[éni]가 쓰이는 것은 '~있는지 없는지'를 묻고 있기 때문입니다. Do you have any brothers and sisters?(당신은 형제가 있습니까?)의 any와 같은 것입니다. 복수의 부정대답의 any는 not … any로 '하나도 없다'라는 의미입니다. 이 any는 생략할 수 없으며 No, there aren't.만으로 대답을 할 경우에는 뒤에 No, there aren't any.로 any를 붙여도 관계 없습니다. any를 붙이면 '하나도 (또는 한 명도) 없다'라는 부정의 느낌을 강하게 나타냅니다. 또한 복수의 부정대답은

No, there aren't. There are no rowboats in it.과 같이 no를 써서 대답할 수도 있습니다. 보통 There aren't any ….가 일반적인 대답입니다.

또한 부정문을 만드는 방법은 위에서 설명한 것과 같습니다.

'책상 위에는 책이 없습니다.'는

There's no book on the desk.

로 단수명사를 사용해서 대답할 수도 있고

There aren't any books on the desk.

로 복수명사를 사용해서 말할 수도 있습니다. 또한

There are no books on the desk.

로 no를 써서 말할 수도 있습니다.

그런데 주의할 점은 There is … / There are …는 불특정한 것이나 사람에 관해서만 쓴다는 것입니다. 즉,

There's book on the desk. 책상 위에 책이 한 권 있습니다.
There are a lot of fish in the pond. 연못에는 물고기가 많이 있습니다.

와 같이 누구의 책이라든가 어떤 책이라든가에 관계없이 어쨌든 책이 한 권 또는 두 권 있다는 것이고, 무슨 물고기인지 모르지만 물고기가 많이 있다는 것입니다. '책상 위에 내 책이 있다.' 또는 '우리 집 근처에 경복궁이 있다.' 처럼 **my book** 또는 '경복궁' 과 같은 특정한 것을 말하는 경우에는 **There is …**, **There are …**는 쓸 수 없습니다. 일반적으로 부정관사 **a**가 붙어 있는 것 또는 **a lot of**, **some**, **two**, **three** 등의 수사가 붙은 명사에는 쓸 수 있지만 **my**, **John's**, **my father's**와 같은 소유격이 붙어 있는 명사, 정관사 **the**가 붙은 명사, '경복궁', '서울역' 과 같은 고유명사에는 쓸 수 없습니다.

그러면 '책상 위에 내 책이 있다.' 는 어떻게 할까요? 그것은

My book is on the desk. 책상 위에 내 책이 있습니다.

처럼 존재를 나타내는 **be**동사를 사용합니다. '우리 집 근처에 경복궁이 있다.' 는 보통 '우리 집은 경복궁 근처이다.' 라고 생각해서

My home is near Kyungbok Palace.

라고 합니다.

셀 수 없는 명사가 올 경우에는 **There is ~**를 사용합니다.

There is some milk in the glass. 컵 안에 우유가 있다.
There is a lot of paper on the table. 테이블 위에 종이가 많이 있다.

Point 2 How many ~?

'몇 개인가의 …, 몇 사람의 …' 라는 수를 물을 때에는 **how many**라는 의문사를 사용합니다. 따라서 이 문장은 '당신 학교에 학생이 몇 명 있습니까?' 라는 질문입니다. 또한 의문사이므로 항상 문장 첫머리에 오며 대답에는 **yes**, **no**를 쓰지 않습니다.

그러면 이 문장이 어떻게 구성되어 있는지 살펴봅시다.

우선,

There are about five hundred students in our school.
우리 학교에는 약 500명의 학생이 있다.

이라는 평서문을 '당신 학교에는 많은 학생이 있습니까?' 라는 의문문으로 바꾸면

Are there a lot of students in your school?

이 됩니다. 이 문장에서 a lot of students를 how many students로 바꾸고 의문사를 앞으로 가져오면

How many students are there in your school?

이라는 문장이 되는 것입니다.

의문사가 있는 의문문이므로 대답에는 Yes, No를 사용하지 않습니다.

There are about five hundred students. 약 500명 있습니다.

라고 대답합니다.

Point 3 존재를 나타내는 be동사

be동사란 am, are, is를 가리킵니다. be동사라고 부르는 이유는 am, are, is가 1인칭, 2인칭, 3인칭 등 주어의 인칭에 따라 형태가 변화하기 전의 형태가 be이기 때문입니다. 지금까지 be동사는 '~은 …이다' 로 배웠습니다. 그러나

I'm here. 나는 여기에 있습니다.
Are you in the kitchen? 당신은 부엌에 있습니까?
Your bag is under the table. 당신 가방은 테이블 아래에 있습니다.

에서 be동사는 '있다' 라는 의미로 쓰이고 있습니다.

이와 같이 말하면

I'm here.

는 '나는 여기입니다.' 라고도 번역할 수 있기 때문에 '…입니다' 라는 용법

과 같다고도 생각할 수도 있습니다. 그러나 '(…은) …이다' 라는 어법과 '(~은) …에 있다' 는 어법은 문장의 구조가 다릅니다. 다음을 볼까요?

(…은) …이다	(…은) …에 있다
I am a student. 나는 학생입니다.	**I am here.** 나는 여기에 있습니다. **I am in the kitchen.** 나는 부엌에 있습니다.

언뜻 보면 비슷해 보이지만 왼쪽의 **I am a student.**는 **I = a student**로, **be**동사는 등호(=)처럼 **I**와 **a student**를 연결하고 있습니다. 그러나 오른쪽의 **I am here.**는 **I = here**의 관계에 있지 않습니다. '나는 여기에 있다.' 라는 의미입니다.

영어에서 '있다' 라는 의미로 사용되는 **be**동사 뒤에는 장소를 나타내는 말이 옵니다. **here**, **there**(그곳에) 등의 한 단어 부사로 올 수도 있지만 대개 **in the kitchen**(부엌에), **under the table**(식탁 밑)에과 같은 전치사로 시작되는 말이 이어집니다.

(예) **John is still at school.** 존은 아직 학교에 있습니다[수업 중입니다].
Your lunch box is on the table. 당신 도시락은 책상 위에 있습니다.
Your subway pass is in your pocket. 정기권은 당신 주머니에 있다.

이와 같은 문장의 의문문을 만드는 법은 **be**동사 문장의 경우와 같고 대답하는 법도 같습니다.

학원을 이기는

독학 영어 첫걸음

Part 6

혼자서는 절대로 쓰이지 않는 조동사

Unit 01

학습일

조동사 can (1)

Can you speak French?

당신은 프랑스어를 할 수 있나요?

STEP 1 여러 번 듣고 소리내어 반복해서 읽어보세요.

A **What's that book on the table?**
왓츠 댓 북 온 더 테이블

B **It's a French dictionary.**
잇처 프랜취 딕셔너리

A **Can you speak French?**
캔 유 스픽 프랜취

B **No, I can't.**
노우, 아이 캔ㅌ

But my big sister can speak it pretty well.
벗 마이 빅 시스터 캔 스피킷 프리티 웰

A **Can she speak German?**
캔 쉬 스픽 줘먼

B **Yes, she can.**
예스, 쉬 캔

A 테이블 위에 있는 저 책은 무슨 책입니까?
B 프랑스어 사전입니다.
A 당신은 프랑스어를 할 수 있나요?
B 아니요.
그런데 언니는 아주 잘해요.
A 그녀는 독일어도 할 줄 아나요?
B 예, 할 줄 알아요.

French [frentʃ] 프랑스의; 프랑스어의, 프랑스어 **can** [kæn] …할 수 있다 **can't** [kænt] 〈cannot의 단축형〉 …할 수 없다 **pretty** [príti] 꽤, 아주 **German** [ʤə́ːrmən] 독일어; 독일사람, 독일의; 독일 사람의

STEP 2 이것만은 꼭 알아두세요.

What's that book on the table?

> on the table이 book을 수식해서 '테이블 위에 있는 책' 의 뜻입니다.

Can you speak French?

> can은 동사 앞에 놓여서 '…할 수 있다' 라는 의미를 더해 주는 말입니다. speak French는 '프랑스어를 말하다', can speak French는 '프랑스어를 할 수 있다' 가 됩니다. 이 can을 조동사라고 합니다.

> 조동사가 있는 문장의 의문문은 조동사를 주어 앞으로 가져옵니다.

	You	can	speak	French	.
Can	you		speak	French	?

No, I can't.

> Can you …?의 부정대답으로 no와 can't(= cannot)에 강한 강세를 둡니다. 긍정대답은 Yes, I can입니다.

My big sister can speak it pretty well.

> can과 같은 조동사는 인칭에 따라 형태가 변하지 않습니다. 따라서 주어가 3인칭 단수인 경우에도 can에 -s가 붙지 않습니다. 또한 can에 붙는 동사(speak)도 원형을 사용합니다.

STEP 3 실전 말하기 훈련

주어진 조건에 맞게 〈문형연습〉을 해봅시다.

I can speak English.

1. Can you?
2. Yes
3. French?
4. No
5. What languages?
6. Korean and English

Unit 02

학습일

조동사 can (2)

Can you ski?

스키 탈 줄 알아요?

STEP 1 여러 번 듣고 소리내어 반복해서 읽어보세요.

A **Can you ski?**
캔 유 스키

B **Yes, I can. I can skate, too. How about you?**
예스, 아이 캔. 아이 캔 스케잇, 투. 하우 어바웃 유

A **I can ski a little.**
아이 캔 스키 어 리틀

But I can't skate at all.
벗 아이 캔ㅌ 스케잇 앳 올

B **Can your sister Sun-hee ski?**
캔 유얼 시스터 선희 스키

A **Yes, she is a very good skier.**
예스, 쉬 이저 베리 굿 스키어

She can skate very well, too.
쉬 캔 스케잇 베리 웰, 투

A 스키 탈 줄 알아요?
B 네. 스케이트도 탈 줄 알아요. 당신은요?
A 저는 스키는 좀 탈 줄 알아요.
하지만 스케이트는 전혀 못 타요.
B 당신의 여동생 선희는 스키를 탈 줄 아나요?
A 네, 매우 잘 타요.
스케이트도 아주 잘 타고요.

ski [ski:] 스키를 타다 **skate** [skeit] 스케이트를 타다 **about** [əbáut] …에 관하여, …에 대하여 **a little** 약간 **how about** …은 어때? **skier** [skí:ər] 스키를 타는 사람

STEP 2 이것만은 꼭 알아두세요.

Yes, I can.

> 완전응답은 Yes, I can. I can ski.이며 부정대답은 No, I can't. I can't ski.로 나타냅니다.

How about you?

> How about …?은 '…은 어떻습니까?'의 뜻으로 you 대신에 다양한 말을 넣어 응용할 수 있습니다.

But I can't skate at all.

> not … at all은 '전혀 …않다'의 뜻입니다.

Can your sister Sun-hee ski?

> your sister Sun-hee는 '네 여동생인 선희'의 뜻 입니다.

Yes, she is a very good skier.

> Yes, she can ski very well.과 같은 의미입니다. '…을 잘한다'는 보통 a good …으로 합니다.
> cf. He's a good baseball player. (Part 5 - Unit 1)

STEP 3 실전 말하기 훈련

주어진 조건에 맞게 〈문형연습〉을 해봅시다.

I can ski.

1. Can you?
2. Yes, a little
3. skate?
4. No
5. your sister, ski?
6. Yes, very well

Unit 03

학습일

길을 묻는 표현

How can I get to the station?

역에 어떻게 갑니까?

STEP 1 여러 번 듣고 소리내어 반복해서 읽어보세요.

A **Excuse me. How can I get to the station?**
익스큐즈 미. 하우 캔 아이 겟 투 더 스테이션

B **Walk two blocks down this street and turn right.**
웤 투 블럭스 다운 디스 스트릿 앤 턴 롸잇

A **I see. Is it far from here?**
아이 씨. 이짓 파 프롬 히어

B **No. It's only a five- or six-minute walk.**
노우. 잇츠 오운리 어 파이브 오어 식스 미니츠 웤

A **Thank you very much.**
땡큐 베리 머취

B **You're welcome.**
유얼 웰컴

A 실례합니다. 역에 어떻게 갑니까?
B 이 길을 2블록 걸어가서 오른쪽으로 도세요.
A 알겠습니다. 여기에서 멉니까?
B 아닙니다. 걸어서 5~6분입니다.
A 대단히 고맙습니다.
B 천만에요.

station [stéiʃən] 역 **block** [blɔk] 구역, 블록 **down** [daun] …아래쪽으로 **street** [striːt] 시내의 거리 **turn** [təːrn] 돌다 **right** [rait] 오른쪽에 **walk** [wɔːk] 걷는 거리, 걷다 **left** [left] 왼쪽에

STEP 2 이것만은 꼭 알아두세요.

How can I get to the station?

> 길을 묻는 방법의 하나로 **get to** …는 '…에 도착하다' 라는 의미이므로 '어떻게 하면 역에 도착할 수 있습니까?' 가 원래의 뜻입니다. 길을 묻는 방법은 많이 있지만 지금까지 배운 것으로 **Where is the station?**으로 물을 수도 있습니다.

Walk two blocks down this street and turn right.

> **block**이란 사방이 도로로 둘러싸인 시가의 한 구획으로 미국에서는 시내에서 거리를 나타내는 데 많이 쓰입니다.

> **down this street**은 '이 길을 따라서' 라는 뜻입니다.

> **turn right** '오른쪽으로 돌다', **turn left** '왼쪽으로 돌다'

It's only a five- or six-minute walk.

> '걸어서 …분 거리' 는 보통 **a … minute walk**로 나타내고 '**3**분' **a three-minute walk**, '**5**분' **a five-minute walk**로 하이픈(-)으로 숫자와 분을 연결합니다. 본문에서는 '**5~6**분' 이라고 하이픈을 붙인 숫자를 **or**로 연결하고 있습니다.

STEP 3 실전 말하기 훈련

지도를 보고 보기와 같이 말해 봅시다.

| 보기 |

a. high school?
How can I get to the high school?
b. two blocks, left
Walk two blocks down this street and turn left.

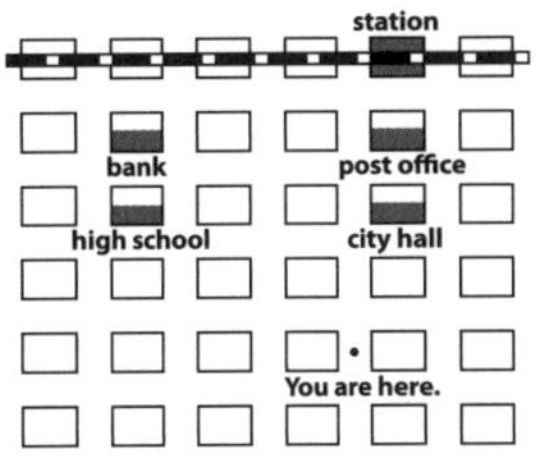

1.	a. post office?	b. three blocks, right
2.	a. bank?	b. three blocks, left
3	a. station?	b. four blocks, right
4.	a. city hall?	b. two blocks, right

Unit 04

학습일

조동사 may (1)

May I come in, Miss Green?

그린 선생님, 들어가도 될까요?

STEP 1 여러 번 듣고 소리내어 반복해서 읽어보세요.

A **May I come in, Miss Green?**
메이 아이 컴 인, 미스 그린

B **Who is it?**
후 이짓

A **Bill Smith.**
빌 스미스

B **Come in, Bill. What can I do for you?**
컴 인, 빌. 왓 캔 아이 두 풔 유

A **May I ask a question?**
메이 아이 애스커 퀘스쳔

B **Certainly. What is it?**
써튼리. 와리즈 잇

A 그린 선생님, 들어가도 됩니까?
B 누구예요?
A 빌 스미스입니다.
B 들어와요, 빌. 무슨 용건이죠?
A 질문해도 됩니까?
B 그럼요. 뭐죠?

may [mei] ~해도 되다 **come in** 안으로 들어가다 **Smith** [smiθ] 스미스〈성〉 **ask** [æsk] 묻다, 질문하다 **question** [kwéstʃən] 질문 **Certainly** [sə́ːrtnli] 물론이죠, 그럼은요〈부탁에 대한 응답〉

STEP 2 이것만은 꼭 알아두세요.

May I come in, Miss Green?

> may는 can과 같은 조동사로 '…해도 됩니까?' 라고 정중하게 물을 경우에는 May I …?로 표현합니다.

Who is it?

> 문밖에서 노크를 하고 있는 사람이 누구인지를 모르는 경우에 '누구십니까?' 라고 묻는 것입니다.

What can I do for you?

> 직역하면 '내가 당신을 위해 무엇을 할 수 있을까요?' 지만 '무슨 용건입니까, 용건이 뭐죠?' 라는 의미입니다.

May I ask a question?

> I have a question. 도 의미는 통하지만 정중하지 못한 표현입니다. 보통 May I …? 형태를 이용합니다.

Certainly.

> May I …?에 정중하게 대답하는 것으로 '그러세요.' 라는 의미입니다. 격의 없는 대답으로 Sure. [ʃuər]도 사용됩니다. 그런데 May I …?에 Yes, you may. / No, you may not. 이라고도 대답할 수 있지만 손윗사람이 손아랫사람이나 어린아이에게 허락을 해주는 어감이 됩니다.

STEP 3 실전 말하기 훈련

다음을 may를 사용해서 '…해도 되겠습니까?' 라는 문장으로 만들어 봅시다.

1. I come in.
2. I speak English.
3. I go home.
4. I play baseball.

Unit 05

학습일

조동사 may (2)

May I help you, sir?

도와 드릴까요?

STEP 1 여러 번 듣고 소리내어 반복해서 읽어보세요.

A **May I help you, sir?**
메이 아이 헬퓨, 써ㄹ

B **Yes. I want a handkerchief.**
예스. 아이 워너 행커췹

A **A white one or a colored one?**
에이 화잇 원 오어러 컬러드 원

B **A white one, please.**
에이 화잇 원, 플리즈

A **How about this one, sir?**
하우 어바웃 디스 원, 써ㄹ

B **May I have a look at it?**
메이 아이 해버 룩캣 잇

A **Certainly.**
써튼리

A 도와 드릴까요?
B 예. 손수건을 사고 싶습니다.
A 하얀 손수건입니까, 색깔이 있는 것입니까?
B 하얀 것을 주십시오.
A 이것은 어떻습니까?
B 좀 봐도 됩니까?
A 그러세요.

help [help] 도와주다, 돕다 **sir** [səːr] 남성을 정중히 부르는 말 cf. ma'am **handkerchief** [hǽŋkərtʃif] 손수건 **colored** [kʌ́lərd] 색깔이 있는

STEP 2 이것만은 꼭 알아두세요.

May I help you, sir?

> 글자대로의 의미는 '내가 당신을 도와줘도 됩니까?' 이지만 점원이 손님에게 하는 말로 우리말로는 '어서 오십시오, 도와 드릴까요?' 에 해당합니다.

> sir는 남성에게 붙이는 경칭으로 여성에게는 ma'am을 사용합니다.

Yes. I want a handkerchief.

> Yes.라고 대답한 것은 May I …?라고 물었기 때문입니다.

> I want …로 '…를 사고 싶다' 라는 의미가 됩니다.

May I have a look at it?

> have a look at은 look at과 거의 같은 의미로 쓰입니다.

STEP 3 실전 말하기 훈련

보기와 같이 말해 봅시다.

| 보기 |

You may have a look at it.
a. (May I ...?) May I have a look at it? b. (Answer) Certainly.

1. **You may sit down.** a. May I ...? b. Answer
2. **You may go home.** a. May I ...? b. Answer
3. **You may come in.** a. May I ...? b. Answer
4. **You may look at your textbook.** a. May I ...? b. Answer

Unit 06

학습일

have to ~

I have to do my homework.

나는 숙제를 해야 해요.

STEP 1 여러 번 듣고 소리내어 반복해서 읽어보세요.

A **Are you free today, Bill?**
알 유 프리 투데이, 빌

B **No. I have to do my homework.**
노우. 아이 햅투 두 마이 홈웍

A **Do you have to finish it today?**
두 유 햅투 피니스 잇 투데이

B **Yes, I do. Are you free, Jane?**
예스, 아이 두. 알 유 프리, 제인

A **No, I'm busy, too.**
노우, 아임 비지, 투

I have to help my mother in the kitchen.
아이 햅투 핼프 마이 마더 인 더 키친

A 빌, 오늘 시간 있어요?
B 아뇨. 나는 숙제를 해야 해요.
A 오늘 끝내야 하나요?
B 네. 당신은 시간이 있나요, 제인?
A 아뇨, 저도 바빠요.
어머니의 부엌일을 도와 드려야 해요.

have to …해야 하다 **homework** [hóum wə̀ːrk] 숙제 **finish** [fíniʃ] 내다, 완료하다 **kitchen** [kítʃin] 부엌

STEP 2 이것만은 꼭 알아두세요.

I have to do my homework.

> have to는 '…해야 한다'의 뜻으로만 일단 알아 둡시다.
> have to 뒤에는 동사원형이 옵니다.
> 발음은 보통 자음 앞에서는 [hǽftə], 모음 앞에서는 [hǽftu]가 됩니다. 천천히 말하거나 강조해서 말하거나 할 때는 [hǽvtə]로 발음할 수도 있지만 보통은 (v → f)로 무성음으로 됩니다.

Do you have to finish it today?

> have to가 있는 문장의 의문문은 do를 사용해서 만듭니다.

Yes, I do.

> Do you have to …?의 긍정대답으로 완전응답은 Yes, I do. I have to finish it today.가 됩니다. 또한 Yes, I do. 대신에 Yes, I have to. I have to …라고 응답할 수도 있지만 이것은 강조하는 말이 됩니다.

STEP 3 실전 말하기 훈련

주어진 조건에 맞게 〈문형연습〉을 해봅시다.

1. **I have to do my homework.**	a. Do you?	b. Yes
2. **I have to help my mother in the kitchen.**	a. Do you?	b. Yes
3. **I have to study English hard.**	a. Do you?	b. Yes

Unit 07

학습일

have to ~의 부정

No, you don't have to.

아뇨, 그럴 필요 없어요.

STEP 1 여러 번 듣고 소리내어 반복해서 읽어보세요.

A **Does this bus go to Jones Street?**
더즈 디스 버스 고우 투 존스 스트릿

B **No, it doesn't.**
노우, 잇 더즌ㅌ

A **Do I have to get off at the next stop?**
두 아이 햅투 게롭 앳 더 넥스트 스탑

B **No, you don't have to.**
노우, 유 돈ㅌ 햅투

You can transfer later.
유 캔 트랜스퍼 레이러

A **I see. Where do I have to transfer?**
아이 씨. 웨얼 두 아이 햅투 트랜스퍼

B **You have to transfer at Green Hill.**
유 햅투 트랜스퍼 앳 그린 힐

A 이 버스가 존스 거리에 갑니까?
B 아뇨, 가지 않습니다.
A 다음 정류장에서 내려야 합니까?
B 아뇨, 그럴 필요 없어요.
나중에 갈아탈 수 있습니다.
A 알겠습니다. 어디에서 갈아타야 합니까?
B 그린 힐에서 갈아타야 합니다.

get off 교통수단에서 내리다 **stop** [stɑp] 정류장 **transfer** [trænsfə́ːr] 갈아타다 **later** [léitər] 나중에 **Green Hill** [griːn hil] 그린 힐〈지명〉

STEP 2 이것만은 꼭 알아두세요.

No, you don't have to.

> **have to**의 부정형 **don't have to**는 '…할 필요 없다' 라는 의미입니다. 완전응답은 **No, you don't have to. You don't have to get off at the next stop.** 이며, **No, you don't have to.**로 하든 **No, you don't.**로 대답하든 의미는 같습니다.

> **Do you have …?**의 대답

(긍정) **Yes, I do. / Yes, I have to.**

* **Yes, I have to.**는 강조하는 느낌입니다.

(부정) **No, I don't. / No, I don't have to.**

* 어느 쪽을 사용해도 좋습니다.

You can transfer later.

> '나중에 갈아타도 된다' 라는 의미입니다.

STEP 3 실전 말하기 훈련

주어진 조건에 맞게 〈문형연습〉을 해봅시다.

You have to transfer at Green Hill.

1. Do I?
2. Yes
3. get off at the next stop?
4. No
5. Where, transfer?
6. at Green Hill

Unit 08

학습일

has to ~

He has to work very hard.

그는 매우 열심히 일해야 해요.

STEP 1 여러 번 듣고 소리내어 반복해서 읽어보세요.

A **Is your father at home?**
이즈 유얼 파더 앳 홈

B **No, he's at his office.**
노우, 히즈 앳 히즈 오퓌스

A **It's Sunday today.**
잇츠 썬데이 투데이

Does he have to work on Sundays?
더즈 히 햅투 웍 온 선데이즈

B **Yes. He has to work very hard.**
예스. 히 해즈 투 웍 베리 하드

He has to support a big family.
히 해즈 투 서폿터 빅 패밀리

A 아버지 집에 계십니까?
B 아니요, 일하러 가셨어요.
A 오늘은 일요일이에요.
일요일에도 일을 하셔야 하나요?
B 예. 아버지는 매우 열심히 일하셔야 해요.
대가족을 부양하셔야 하니까요.

office [ɔ́(:)fis] 사무실, 직장 **has to** have to의 3인칭 단수형 **work** [wəːrk] 일하다, 근무하다 **support** [səpɔ́ːrt] 부양하다

STEP 2 이것만은 꼭 알아두세요.

He's at his office.

> '사무실에 있다'는 '직장에 있다, 근무 중이다'라는 의미입니다.

Does he have to work on Sundays?

> have to는 3인칭 단수가 주어인 의문문에는 does를 씁니다.

Yes.

> 완전응답은 Yes, he does. He has to work on Sundays.이며, 부정대답은 No, he doesn't (have to). He doesn't have to work on Sundays.가 됩니다.

He has to work very hard.

> have to는 주어가 3인칭 단수인 경우에는 has to가 되며 has to의 발음은 자음 앞에서는 [hǽstə], 모음 앞에서는 [hǽstu]가 됩니다.

	He	has to	work	very hard	.
Does	he	have to	work	very hard	?

STEP 3 실전 말하기 훈련

주어진 조건에 맞게 〈문형연습〉을 해봅시다.

My father has to work on Sundays.

1. Does your father?
2. Yes
3. Does your brother?
4. No
5. Who?
6. My father

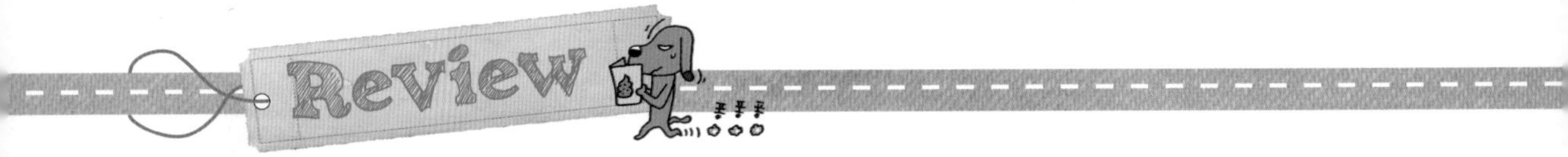

Point 1 조동사 can

조동사란 말 그대로 '동사를 도와주는 말' 을 의미합니다. 즉, 동사만으로 뜻을 명확히 전달할 수 없을 때 조동사를 함께 사용합니다. 대표적인 조동사에는 **can, may, must, shall, will** 등이 있으며 조동사의 사용법으로 한 가지 알아두어야 할 사항은 조동사 뒤에는 반드시 '동사의 원형' 이 온다는 것입니다.

can은 동사 앞에 와서 '…할 수 있다' 라는 의미를 추가하는 말로 발음은 강한 강세가 있는 경우에는 [kæn], 약한 강세만 있는 경우에는 [kən]이 됩니다.

can의 용법을 우선 긍정 평서문부터 예를 들어 봅시다.

(예) **I can speak English a little.** 나는 영어를 조금 할 줄 안다.
You can ski. 당신은 스키를 탈 수 있다.
She can skate pretty well. 그녀는 스케이트를 아주 잘 탄다.
My big sister can speak German very well.
누나는 독일어를 아주 잘한다.

위의 예처럼 **can**이 동사 앞에 오면 '…할 수 있다' 라는 의미가 더해지며 '…할 수 있다' 가 **can**의 의미이지만 우리말 번역은 반드시 '할 수 있다' 라고 번역되지는 않습니다. 위의 예에서도 '할 줄 안다' 로 번역되고 있습니다.

또한 **can**뿐만 아니라 다른 조동사에도 공통되는 중요한 것이 있습니다. 그것은 **can**은 일반동사와는 달리 주어가 **3**인칭 단수 즉, **he, she, it, my big sister**에도 **-s**가 붙지 않는다는 것입니다. 조동사는 주어에 관계없이 항상 같은 형태입니다. 또 하나 중요한 것은 조동사가 오면 동사의 형태가 변하지 않는다는 것입니다. 주어가 **he**든 **she**든 **can**이 오면 **He can ski. / She can skate.**로 **-s**가 붙지 않습니다.

다음으로 '…할 수 있습니까?' 라는 의문문을 만드는 법을 알아봅시다.

의문문은 주어와 조동사의 어순을 바꾸고 문장 끝을 올려 말합니다.

She	can	skate	.
Can	she	skate	?

위와 같이 하면 됩니다. 대답은 '예, 할 수 있습니다.'는 **Yes, she can.** '아뇨, 할 수 없습니다.'면 **No, she can't.**가 됩니다. **can't**는 **can**의 부정형 **can not** [kǽnát]의 단축형으로 [kænt]로 발음됩니다. **Yes, No** 부분과 **can** 또는 **can't**에 악센트를 주고

Yés, she cán.　　Nó, she can't.

와 같이 말합니다. 또한 대답을 완전응답으로 하면 긍정인 경우는

Yes, she can. She can skate.

부정인 경우는

No, she can't. She can't skate.

가 됩니다.

(예) **Can you speak French?** 당신은 프랑스어를 할 줄 압니까?
- Yes, I can. 예, 할 수 있습니다.
Can your brother skate? 당신 남동생은 스케이트를 탈 줄 압니까?
- No, he can't. 아뇨, 못 탑니다.

'예, 조금은 할 수 있습니다.'는 **Yes, a little.**로 대답하면 됩니다.

I를 주어로 해서

Can I skate?

라고 하면 보통 '스케이트를 타도 됩니까?' 라고 상대방에게 '…해도 되겠습니까?' 라고 허락을 구하는 말이 됩니다.

May I skate?

와 같은 의미가 되는데 **May I …?** 보다는 다소 격의 없는 느낌이 있습니다. 그런데 발이 아픈 환자가 의사에게

Can I walk again? 다시 걸을 수 있어요?

이라고 묻는다면 **Can I …?**라도 '나는 …할 수 있을까요?' 라고 자신의 능력

을 묻는 게 됩니다.

의문사를 붙여서

How can I get to the station? 역에는 어떻게 가면 됩니까?

도 Can I …?는 허가가 아니라 '어떻게 하면 …할 수 있습니까?' 라는 의미로 사용되고 있습니다. 또한

You can come in. 들어와도 좋아요.

도 You can …이라는 평서문이 마치

You may come in.

과 같은 허가를 나타내는 경우도 있습니다.

이 경우는 You may …가 윗사람의 입장에서 허가를 해주는 느낌이 있는데 비해서 '들어오려 한다면 들어와도 된다.' 라는 의미로 You may come in.보다 다소 정중한 말이 됩니다.

Point 2 조동사 may

may[mei]는 '…해도 좋다' 라고 상대방에게 허락해 주는 것을 나타내는 조동사입니다.

(예) **You may come in.** 들어와도 좋다.
You may sit down. 앉아도 좋다.

위의 예와 같이 긍정 평서문에서의 may는 윗사람이 아랫사람에게 허락을 해주는 느낌이 확실히 나타나므로 부모가 자식에게, 선생님이 학생에게 허락을 주는 것과 같은 경우에 씁니다. 그러므로 may는 May I …? 또는 May we …?와 같이 1인칭을 주어로 한 의문문에 주로 쓰입니다. 의문문으로 하면 평서문과는 반대로 상대방을 자신보다 위에 놓고 상대방의 허가를 구하는 말이 되므로 매우 정중한 표현이 되는 것입니다.

(예) **May I come in?** 들어가도 되겠습니까?

May I ask a question? 질문해도 되겠습니까?

May I have a look at it? 좀 봐도 되겠습니까?

대답은 보통

Certainly. 예, 그러세요.

로 하며 Of course [əv kɔ́rs]라는 대답도 있습니다. 모두 정중한 대답입니다. 친구, 동료 사이에서는

Sure.

라고 합니다. Yes, you may.나 No, you may not.은 윗사람이 아랫사람에게 허락하거나 금지하거나 하는 느낌이 되므로 그다지 쓰이지 않습니다.

그러면,

May I ask a question?

의 질문에 대답하는 것이 곤란할 때에는 어떻게 할까요? 그때에도 No, you may not.은 피하고

Please wait a minute. 잠깐만 기다려 주세요.

또는

I'm sorry, but I can't answer questions now.
죄송하지만 지금은 대답할 수 없어요.

라고 하는 것이 보통입니다. 허락은 상대방에 대한 것이므로 may는 he, she 등 3인칭 주어에 대해서는 그다지 사용되지 않지만

He may come in.

이라고 하면 눈앞에 있는 상대방을 향해서 '그에게 들어와도 좋다고 전해 주세요.' 라는 의미가 됩니다.

*이 문장은 전후관계에 따라 아직 배우지 않은 may의 또 하나의 의미인 '…일 지도 모른다' 라는 말이 될 수도 있습니다.

Point 3 준조동사 have to

have to는 뒤에 동사가 붙어서 '…해야 한다' 라는 의미를 나타냅니다. 발음은 [hæftə]로 **have**의 [v]가 무성음인 [f]로 바뀌는 것에 주의합시다. **have**를 쓰고 있지만 '가지고 있다' 라는 의미는 없습니다. **have to**는 동사와 함께 사용되어 동사의 의미를 추가한다는 점에서는 **can, may**와 같은 조동사라고 불러도 좋지만 **can, may**와 같은 조동사는 주어에 따라 형태가 변하지 않고 부정형은 **can not** [**can't**], **may not**와 같이 다음에 **not**이 오고, 의문형은 **Can you …? May I …?**와 같이 주어와 어순을 바꾸어서 만드는 데 비해, **have to**는 **he, she** 등 **3**인칭 단수 주어에서는 **has to**가 되고 부정형은 **don't have to, doesn't have to**와 같이 **do**를 쓰고 의문형도 **Do you have to …? / Does she have to …?**와 같이 **does**를 사용하므로 **have**동사나 일반동사와 같습니다. 따라서 내용적으로는 조동사이고 형태상으로는 **have** 동사, 일반동사와 같기에 '준조동사' 로 부르기도 합니다.

(예) **I have to do my homework.**
숙제를 해야 한다.

I have to help my mother in the kitchen.
부엌에서 어머니를 도와야 한다.

You have to transfer at Green Hill.
당신은 그린 힐에서 갈아타야 한다.

He has to work very hard.
그는 열심히 일해야 한다.

3인칭 단수 주어일 때는 **has to**가 된다는 점에 주의합시다.

has to의 발음은 다음 동사가 자음으로 시작되면 [hǽstə], 모음으로 시작되면 [hǽstu]가 됩니다. **have to, has to**의 **to**를 [tu]라고 끊어서 강하게 발음하지 않고 **have, has**에 붙여서 가볍게 발음하는 것이 중요합니다.

의문문에는 **do, does**를 사용합니다. 이것은 **have**동사의 의문문 만드는 것과 같습니다. 대답은 긍정일 때는

Yes, I do. 또는 **Yes, I have to.**

둘 다 가능하지만, 뉘앙스가 약간 달라집니다. 가장 일반적인 대답은 **Yes, I do.**로 **Yes, I have to.**라고 하면 '무슨 일이 있어도 그렇게 해야만 합니다.' 라는 느낌이 됩니다.

부정대답은 .

No, I don't. 또는 **No, I don't have to.**

로 하면 됩니다. 뉘앙스의 차이는 없으므로 어느 쪽을 사용해도 관계가 없습니다.

have to의 부정형인 **don't have to**는 '…할 필요는 없다' 의 뜻으로 '…해서는 안 된다' 라는 의미가 아닙니다.

(예) **Do you have to finish your homework today?**
당신은 숙제를 오늘 마쳐야 합니까?

- Yes, I do. 예, 그렇습니다.

Do I have to get off at the next stop?
다음 정류장에서 내려야 합니까?

- No, you don't have to. 아뇨, 그럴 필요 없습니다.

Does he have to work on Sundays?
그는 일요일에 일해야 합니까?

- Yes, he has to. 예, 일해야 합니다.

Does she have to help her mother in the kitchen?
그녀는 어머니 부엌일을 도와야 합니까?

- No, she doesn't have to. 아뇨, 할 필요 없습니다.

Point 4 조동사 요약정리

조동사를 이용해서 '~할 수 있다〈능력〉, ~해야 한다〈의무〉, ~해도 된다〈허가〉' 등을 나타낼 수 있습니다. 이들 조동사는 동사 앞에 놓이며 조동사는 주어의 인칭, 단수·복수에 관계없이 형태는 같습니다.

You can swim.	당신은 수영할 수 있다.
You have to swim.	당신은 수영해야 한다.
You may swim.	당신은 수영해도 된다.

「~는 수영할 수 있다」 라는 문장의 예

1인칭 단수 주어	(나는)	**I can swim.**
2인칭 단수 주어	(당신은)	**You can swim.**
3인칭 단수 주어	그는	**He can swim.**
3인칭 단수 주어	그녀는	**She can swim.**
3인칭 단수 주어	톰은	**Tom can swim.**
1인칭 복수 주어	우리는	**We can swim.**
2인칭 복수 주어	당신들은	**You can swim.**
3인칭 복수 주어	그들은	**They can swim.**
3인칭 복수 주어	그녀들은	**They can swim.**

이와 같이 주어가 **3**인칭 단수인 경우에도 can을 그대로 사용하며 can 뒤에 오는 동사도 모두 동사의 원형을 사용합니다.

He swims.	그는 수영한다.
He can swim.	그는 수영할 수 있다.

조동사가 들어 있는 문장을 의문문으로 만들 때에는 조동사를 문장 앞으로 가져오면 됩니다.

You can swim.	당신은 수영할 수 있다.
Can you swim?	당신은 수영할 수 있습니까?

조동사가 들어 있는 문장을 부정문으로 만들 때는 조동사 뒤에 not을 붙입니다.

I can swim.	나는 수영할 수 있다.
I can not swim.	나는 수영할 수 없다.

Part 7

현재 진행 중인 동작을 나타내는 현재진행형

Unit 01

학습일

3인칭 단수 주어에서의 현재진행형

He is studying English.

그는 영어를 공부하고 있어요.

STEP 1 여러 번 듣고 소리내어 반복해서 읽어보세요.

A **Where is Chan-ho?**
웨어리즈 찬호

B **He's in his room. He's studying English.**
히즈 인 히즈 룸. 히즈 스터딩 잉글리쉬

A **Is he reading an English book?**
이즈 히 리딩 언 잉글리쉬 북

B **No, he isn't. He's listening to the radio.**
노우, 히 이즌ㅌ. 히즈 리스닝 투 더 레이디오

He's studying English from the radio.
히즈 스터딩 잉글리쉬 프롬 더 레이디오

A 찬호는 어디에 있나요?
B 자기 방에 있어요. 그는 영어를 공부하고 있어요.
A 영어 책을 읽고 있나요?
B 아뇨. 라디오를 듣고 있어요.
라디오로 영어 공부를 하고 있어요.

studying [stʌ́diŋ] study(공부하다)의 현재분사 **reading** [ríːdiŋ] read(읽다)의 현재분사 **listening** [lísniŋ]] listen(듣다)의 현재분사

STEP 2 이것만은 꼭 알아두세요.

He's studying English.

①	He	studies	English	.
②	He	is studying	English	.

> ①은 습관적인 사실을 말하고, ②는 '바로 지금 영어를 공부하고 있다' 라는 현재 진행 중인 동작을 나타냅니다.

> 〈**be** + 동사 **-ing**〉를 현재진행형, 〈동사 **-ing**〉를 현재분사라고 합니다.

Is he reading an English book?

> 의문문은 현재진행형 문장의 주어와 **be**동사의 어순을 바꿉니다.

No, he isn't.

> 부정의 대답을 완전응답으로 하면 **No, he isn't. He isn't reading an English book.**이 된다. **not**의 위치에 주의합시다. 또한 긍정대답의 완전응답은 **Yes, he is. He's reading an English book.**이 됩니다.

He's listening to the radio. / He's studying English from the radio.

> 모두 현재진행형 문장입니다.

STEP 3 실전 말하기 훈련

주어진 조건에 맞게 〈문형연습〉을 해봅시다.

Chan-ho is listening to the radio.

1. Is Chan-ho?
2. Yes
3. reading an English book?
4. No
5. studying English?
6. Yes

Unit 02

학습일

1 · 2인칭 단수 주어에서의 현재진행형

I'm doing my homework.

나는 숙제를 하고 있어요.

STEP 1 여러 번 듣고 소리내어 반복해서 읽어보세요.

A **Are you writing a letter, Bill?**
알 유 롸이팅 어 레터, 빌

B **No, I'm doing my homework.**
노우, 아임 두잉 마이 홈웍

A **Let's play baseball in the park.**
렛츠 플레이 베이스볼 인 더 팍

Everybody is waiting for you there.
애브리바디 이즈 웨이팅 풔 유 데얼

B **O.K. But I have to finish my homework first.**
오우케이. 벗 아이 햅투 피니쉬 마이 홈웍 풔슷

I can join you in about twenty minutes.
아이 캔 조인 유 인 어바웃 투엔티 미닛츠

A **All right. But hurry up!**
올 롸잇. 벗 허리 업

A 빌, 편지 쓰고 있니?
B 아뇨, 저는 숙제를 하고 있어요.
A 공원에서 같이 야구하자.
모두 거기에서 너를 기다리고 있어.
B 알겠어요. 그런데 먼저 숙제를 끝내야 해요.
약 20분 뒤에 갈 수 있어요.
A 좋아. 그럼 빨리 와!

writing [ráitiŋ] write(쓰다)의 현재분사 **letter** [létər] 편지 **doing** [dú:iŋ] do(하다)의 현재분사 **wait** [weit] 기다리다 〈wait for …로 '…를 기다리다'〉 **waiting** [wéitiŋ] wait의 현재분사 **there** [ðɛər] 그곳에서 **join** [dʒɔin] 참가하다, 입회하다

STEP 2 이것만은 꼭 알아두세요.

Are you writing a letter, Bill?

	You	are	writing	a letter	.
Are	you		writing	a letter	?

> write와 같이 -e로 끝나는 동사의 현재분사형은 -e를 생략하고 -ing를 붙입니다.

No, I'm doing my homework.

> No, (I'm not. I'm not writing a letter.) I'm doing my homework.의 (　) 부분이 생략된 문장입니다.

> Are you writing a letter?의 대답
(긍정) Yes, I am. I'm writing a letter.
(부정) No, I'm not. I'm not writing a letter.

Everybody is waiting for you there.

> wait for …는 '…를 기다리다' 라는 뜻입니다.

> 여기서 there는 in the park를 가리킵니다.

I can join you in about twenty minutes.

> can은 조동사로 뒤에는 동사원형인 join이 옵니다.

> in은 '…의 시간 뒤에' 의 뜻을 나타냅니다.

> about은 '대략, 약' 의 뜻으로 시간과 함께 쓰입니다.

STEP 3 실전 말하기 훈련

주어진 조건에 맞게 〈문형연습〉을 해봅시다.

I'm doing my homework.

1. Are you?

2. Yes

3. writing a letter?

4. No

Unit 03

학습일

3인칭 복수 주어에서의 현재진행형과 what 의문문

They are cooking dinner.

그들은 저녁을 만들고 있어요.

STEP 1 여러 번 듣고 소리내어 반복해서 읽어보세요.

A **Where is Emily?**
웨어리즈 에밀리

B **She's in the kitchen.**
쉬즈 인 더 키친

A **Is she helping Mother?**
이즈 쉬 핼핑 마더

B **Yes. They are cooking dinner.**
예스. 데이 알 쿠킹 디너

A **What are they making?**
왓 알 데이 메이킹

B **They are making beef stew.**
데이 알 메이킹 빕 스튜

A 에밀리는 어디 있나요?
B 부엌에 있어요.
A 어머니를 돕고 있나요?
B 예. 그들은 저녁을 만들고 있어요.
A 무얼 만들고 있죠?
B 쇠고기 국을 만들고 있어요.

cooking [kúkiŋ] cook(요리하다)의 현재분사 **dinner** [dínər] 저녁식사
beef stew [bi:f stju:] 쇠고기 국

STEP 2 이것만은 꼭 알아두세요.

Is she helping Mother?

> 이것은 지금 돕고 있는지를 묻고 있습니다. **mother**, **father**와 같은 가족관계를 나타내는 말은 가족 간에는 고유명사와 같이 사용되어 대문자로 표기할 수 있습니다.

What are they making?

> 이 의문문이 어떻게 되어 있는지를 살펴 봅시다.

		They	are	making	beef stew	.
	Are	they		making	beef stew	?
What	are	they		making	what	?

> **make**(만들다)의 현재진행형은 **-e**를 생략하고 **-ing**를 붙입니다.

They are making beef stew.

> 대답도 현재진행형으로 합니다.

STEP 3 실전 말하기 훈련

주어진 조건에 맞게 〈문형연습〉을 해봅시다.

They are making beef stew.

1. Are they?
2. Yes
3. pancakes?
4. No
5. What?
6. beef stew

Unit 04

학습일

의문사 where과 함께 쓰이는 현재진행형

Where are you going?

어디 가세요?

STEP 1 여러 번 듣고 소리내어 반복해서 읽어보세요.

A **Where are you going, Steve?**
웨어라 유 고잉, 스티브

B **I'm going to school.**
아임 고잉 투 스쿨

A **Going to school?**
고잉 투 스쿨

B **Yes. It's 8:20. I have to hurry.**
예스. 잇츠 에잇 투엔티. 아이 햅투 허리

A **Wait a minute. Today's Sunday!**
웨잇 어 미닛. 투데이즈 선데이

There's no school today.
데얼즈 노 스쿨 투데이

B **Oh, good!**
오, 굿

A 스티브, 어디 가세요?
B 학교에 가고 있어요.
A 학교에 가는 중이라고요?
B 네. 8시 20분이에요. 빨리 가야 해요.
A 기다려요. 오늘은 일요일이에요!
오늘은 수업이 없어요.
B 아, 잘됐네요!

Steve [sti:v] 스티브〈남자이름〉 / **church** [tʃə:rtʃ] 교회

STEP 2 이것만은 꼭 알아두세요.

Where are you going, Steve? - I'm going to school.

> **where**로 시작하는 의문문의 구조를 보면 다음과 같습니다.

		I	am	going	to school	.
	Are	you		going	to school	?
					where	
Where	are	you		going		?

> **go to school**에서 **school**은 '수업'을 의미하므로 관사는 붙이지 않습니다.
〈연습하기〉에 있는 **go to church**(교회에 가다)의 **church**도 '예배'를 의미하므로 관사를 붙이지 않습니다.

Going to school?

> **Are you going to school?**을 줄여서 말한 것으로 상대방의 말을 다시 반복해서 묻는 것입니다.

STEP 3 실전 말하기 훈련

주어진 조건에 맞게 〈문형연습〉을 해봅시다.

I'm going to school.

1. Are you?
2. Yes
3. to church?
4. No
5. Where?
6. to school

Unit 05

학습일

의문사 who와 함께 쓰이는 현재진행형

Who's singing?

누가 노래하고 있나요?

STEP 1 여러 번 듣고 소리내어 반복해서 읽어보세요.

A **Who's singing?**
후즈 씽잉

B **My sister. She's a music student.**
마이 시스터. 쉬저 뮤직 스튜던ㅌ

A **Does she go to a music school?**
더즈 쉬 고우 투 어 뮤직 스쿨

B **Yes, she does.**
예스, 쉬 더즈

A **She has a beautiful voice.**
쉬 해저 뷰터펄 보이스

Who's playing the piano?
후즈 플레잉 더 피애노우

B **My father. He likes music very much.**
마이 파더. 히 라익스 뮤직 베리 머취

A 누가 노래하고 있나요?
B 제 여동생이에요. 음악을 공부하고 있어요.
A 그녀는 음악학교에 다니나요?
B 그래요.
A 목소리가 좋은데요.
누가 피아노를 치고 있나요?
B 우리 아버지세요. 음악을 매우 좋아하시죠.

sing [síŋ] 노래하다 **singing** [síŋiŋ] sing의 현재분사형 **music** [mjú:zik] 음악 **voice** [vɔis] 목소리

STEP 2 이것만은 꼭 알아두세요.

Who's singing? - My sister.

> My sister. 라는 대답은 My sister is singing. 을 줄여서 말한 것입니다.

> 이 의문문의 구조를 보면 다음과 같습니다.

		My sister	is	singing	.
	Is	your sister		singing	?
Who	Is	who		singing	?

> 의문사가 주어인 의문문의 어순은 평서문과 같습니다.

Does she go to a music school?

> go to school에서는 관사를 붙이지 않지만 학교의 종류를 말하는 경우에는 관사가 붙습니다.

My father.

> My father is playing the piano. 를 줄여서 말한 것입니다.

STEP 3 실전 말하기 훈련

주어진 조건에 맞게 〈문형연습〉을 해봅시다.

My father is playing the piano.

1. Is your father?

2. Yes

3. your sister?

4. No

5. Who?

6. My father

Unit 06

학습일

가까운 미래를 나타내는 be going to …

We're going to have a party.

파티를 열 예정입니다.

STEP 1 여러 번 듣고 소리내어 반복해서 읽어보세요.

A **We're going to have a party at our home next Saturday evening. Can you come, Sun-hee?**
위어 고잉 투 해버 파티 앳 아우어 홈 넥스트 세터데이 이브닝. 캔 유 컴, 선희

B **Yes. Thank you.**
예스. 땡큐

How many people are you going to invite?
하우 메니 피플 알 유 고잉 투 인바잇

A **About fifteen.**
어바웃 핍틴

I'm going to invite Chan-ho and Jane, too.
아임 고잉 투 인바잇 찬호 앤 제인, 투

A 다음 주 토요일 밤에 우리 집에서 파티를 열 예정입니다.
올 수 있나요, 선희?

B 그럼요. 고마워요.
몇 사람을 초대할 건가요?

A 15명 정도요.
찬호와 제인도 초대할 거예요.

party [pá:rti] 파티 **people** [pí:pl] 사람들 **invite** [inváit] 초대하다

STEP 2 이것만은 꼭 알아두세요.

We're going to have a party at our home next Saturday evening.

> be going to …는 형태는 현재분사형과 같지만 뒤에 동사를 붙여 '…할 작정이다, …하기로 되어 있다' 라는 가까운 미래를 나타냅니다.

> have a party는 '파티를 열다' 의 뜻을 나타냅니다.

Yes. Thank you.

> 파티 등에 초대받아 승낙할 때는 Yes. / Yes, I can.에 Thank you.로 감사를 표현합니다.

How many people are you going to invite?

> how many는 수를 묻는 말로 문두에 옵니다. how many 다음에는 항상 명사의 복수형이 오며 대답은 yes, no로 할 수 없습니다.

> 이 의문문이 어떻게 구성되어 있는지 살펴 봅시다.

		I	am	going to	invite	about fifteen people	.
	Are	you		going to	invite	about fifteen poople	?
						how many people	
How many people	Are	you		going to	invite		?

STEP 3 실전 말하기 훈련

주어진 조건에 맞게 〈문형연습〉을 해봅시다.

We're going to have a party at our home next Saturday evening.

1. Are you?
2. Yes
3. next Sunday evening?
4. No
5. When?
6. next Saturday evening

Unit 07

학습일

가까운 미래를 나타내는 현재진행형 be ~ing

I'm going skiing.

나는 스키타러 갈 예정입니다.

STEP 1 여러 번 듣고 소리내어 반복해서 읽어보세요.

A **What are you going to do next Sunday?**
워라유 고잉 투 두 넥스트 선데이

B **I'm going skiing.**
아임 고잉 스키잉

A **With your father?**
위드 유얼 파더

B **No, with my friends. My father is going fishing.**
노우, 위드 마이 프랜즈. 마이 파더 이즈 고잉 피싱

What are you going to do, Jane?
워라유 고잉 투 두, 제인

A **I'm going shopping at a department store.**
아임 고잉 쇼핑 앳 어 디팟먼트 스토어

A 이번 일요일에 뭐 할 겁니까?
B 나는 스키타러 갈 예정입니다.
A 아버지와 같이요?
B 아뇨, 친구들과 같이 갈 겁니다. 아버지는 낚시하러 가셔요.
당신은 뭐 할 거예요, 제인?
A 백화점에 쇼핑하러 갈 거예요.

fish [fiʃ] 낚시하다 **shop** [ʃɑp] 쇼핑하다 **supermarket** [sú:pərmà:rkit] 슈퍼마켓

STEP 2 이것만은 꼭 알아두세요.

I'm going skiing.

> 일반적으로 〈go + 동사 -ing〉는 '…하러 가다'를 나타냅니다.

> 이 문장은 I'm going to go skiing.과 같고 '스키 타러 갈 예정이다'라는 미래의 일을 나타내며 왕래(go, come), 발착(start, depart, leave, arrive), 개시(begin) 등에 관한 동사는 현재진행형으로 미래를 나타냅니다.

With your father?

> Are you going skiing with your father?를 줄여서 말한 것입니다.

No, with my friends.

> No, I'm not. I'm not going skiing with my father. I'm going skiing with my friends.를 줄여서 말한 것입니다.

What are you going to do, Jane?

> '그런데 너는?'이라는 의미로 you를 강하게 말합니다.

I'm going shopping at a department store.

> '…에 쇼핑하러 가다'의 '…에'에 해당하는 전치사는 at입니다.

> shop과 같이 〈단모음 + 자음〉으로 끝나는 말은 자음을 한 번 더 쓰고 -ing를 붙입니다.

STEP 3 실전 말하기 훈련

주어진 조건에 맞게 〈문형연습〉을 해봅시다.

I'm going shopping at a department store.

1. Are you?
2. Yes
3. at a supermarket?
4. No
5. Where?
6. at a department store

Review

Point 1 현재진행형의 용법

영어에서는 '지금 …하고 있는 중이다' 와 같이 현재 진행 중인 동작을 나타내는데 〈**be + 동사 -ing**〉형이 사용되며 이것을 현재진행형이라고 부릅니다. 동사에 **-ing**를 붙인 형태를 동사의 현재분사라고 하는데 현재진행형은 〈**be +** 현재분사〉가 됩니다. 현재분사를 만드는 법은 보통 동사의 어미에 **-ing**를 붙여서 **studying**, **reading**, **listening**과 같이 하고 **write**(쓰다), **make**(만들다)와 같이 마지막이 **-e**로 끝나는 동사는 **-e**를 생략하고 **-ing**를 붙입니다. 또한 **shop**(쇼핑하다)과 같이 〈단모음 **+** 자음글자〉로 끝나는 동사는 **shopping**과 같이 마지막 자음글자를 중복하여 현재분사를 만듭니다.

(예) **I'm doing my homework.** 나는 숙제를 하고 있다.
You are reading an English book. 당신은 영어책을 읽고 있다.
He is listening to the radio. 그는 라디오를 듣고 있다.
She's studying English. 그녀는 영어를 공부하고 있다.
We're playing baseball. 우리는 야구를 하고 있다.
You're watching television. 당신들은 TV를 보고 있다.
They are making beef stew. 그들은 쇠고기 국을 만들고 있다.

이것들은 평서문에서의 각 인칭에 대한 현재진행형의 예입니다. **be**동사가 주어에 따라 바뀌는 것을 알 수 있습니다.

발음은 **be**동사를 가볍게 발음하고 현재분사 쪽을 강하게 말합니다. 우리말에는 영어의 현재분사에 해당하는 적절한 말이 없어 '…하고 있는 중이다, …하고 있다' 등으로 번역하고 있으므로 영어의 의미와 가장 가깝게 이해하면 됩니다.

또한 현재진행형에서 중요한 것은 현재진행형으로 할 수 있는 동사는 동작을 나타내는 동사에 한한다는 점입니다. 동사에는 상태를 나타내는 동사가 있는데, 지금까지 배운 일반동사로는 **know**(알고 있다), **like**(좋아하다), **live**(살고 있다), **want**(원하다)의 **4**가지와 **have**(가지고 있다), **be**동사도 상태동사입니다. 이들 상태동사는 **I'm knowing him.**으로는 할 수 없습니다. 그 이유는 그 자체로 계속적인 것을 나타내기 때문에 진행형으로 할 필요가 없기 때문입니다. 위의 동사 중에는 live만은 예외로 I'm living in Seoul. / I live in Seoul.로 할 수 있습니다. I'm living in Seoul.은 과거나 미래와 구별해서 '현재 서울에 살고 있다' 라는 의미입니다. 또한 have는 '가지고 있다' 라는 의미에서는 현재진행형으로 할 수 없지만 We're having dinner.(우리는 저녁을 먹고 있다)와 같이 '먹다' 라는 의미나 We're having a party.(우리는 지금 파티를 하고 있다)와 같은 '모임 등을 열다' 라는 의미로는 현재진행형으로 할 수 있습니다. 상태동사 이외의 study, write, make, go, come 등 지금까지 배운 일반동사는 모두 현재진행형으로 사용할 수 있습니다.

영작을 할 경우에 주의할 점은 우리말의 '…하고 있다' 가 반드시 영어에서 현재진행형으로 되지는 않는다는 것입니다. '나는 책을 읽고 있다.' 는 I'm reading a book.이 되지만, '나는 그를 알고 있다.' 는 I know him.이라는 상태동사로 해야 하고, '나는 영어를 매일 공부하고 있다.' 는 I study English every day.로 해야 합니다.

그 이유는 영어의 현재진행형에 꼭 맞는 우리말이 없기 때문입니다. 그래서 한국어와 영어의 관계를 잘 알아둘 필요가 있습니다. 먼저 우리말의 '…하고 있다' 에 '지금' 이라는 말을 넣어서 말이 되는지를 시도해 봅시다. 그것이 가능하다면 일단 영어에서는 현재진행형이 된다고 생각합시다. 다음에 '매일, 항상' 등 습관을 나타내는 말을 붙일 수 있다면 우리말로 '…하고 있다' 라고 되어 있어도 영어에서는 현재진행형으로 할 수 없습니다.

영어에서는 습관을 말할 때는 I study English every day.와 같이 현재형을 사용합니다.

현재진행형의 의문문은 be동사와 주어의 어순을 바꾸고 말끝을 올립니다.

She	is	studying	English	.
Is	she	studying	English	?

와 같이 합니다. 대답은 긍정이면

Yes, she is.

부정이면

No, she isn't.

가 됩니다. Yes, No 부분과 is, isn't를 강하게 발음합니다.

부정문은 be동사와 현재분사 사이에 not를 넣습니다.

회화에서는 be동사와 not를 단축해서 aren't, isn't와 같이 말하는 것이 보통입니다.

Is she studying English?에 완전응답으로 대답하면 긍정이라면

Yes, she is. She's studying English.

부정이라면

No, she isn't. She isn't studying English.

가 됩니다. She's not studying English.와 같이 주어와 be동사의 단축은 부정의 의미를 다소 강조하는 말이 됩니다.

Are you doing your homework?
숙제를 하고 있습니까?
- Yes, I am.
예, 그렇습니다.
Is he reading a book?
그는 책을 읽고 있습니까?
- No, he isn't. He's listening to the radio.
아닙니다. 라디오를 듣고 있습니다.
They aren't making beef stew. They're making pancakes.
그들은 쇠고기 국을 만들고 있지 않습니다. 팬케이크를 만들고 있습니다.

의문사가 있는 의문문은 의문사를 문장 앞에 가져 옵니다.

What are they making? 그들은 무엇을 만들고 있습니까?

- They're making beef stew. 그들은 쇠고기 국을 만들고 있습니다.

의문사가 주어인 의문문의 어순은 평서문과 같습니다.

Who is singing? 누가 노래하고 있습니까?

- Mary is (singing).

와 같이 is로 끊고 뒤는 생략해도 좋습니다.

Point 2 현재진행형이 나타내는 의미

현재진행형은 '지금 …하고 있다' 라는 현재 진행 중인 동작을 나타내는 말로 별다른 의문은 없을 것 같지만 이런 경우를 생각해 볼 수 있습니다. 예를 들면 누군가가

Let's play baseball. 야구합시다.

과 같이 권유했을 경우

Well, I'm doing my homework. 저, 지금 숙제하고 있어요.

라고 대답했다고 합시다. 이것은 책상을 떠나서 현관 등에서 그 친구와 이야기하고 있는 상황일 것입니다. 그렇다면 잠깐 동안이더라도 현재는 숙제를 하고 있는 것이 아니게 됩니다.

또한 식사 중의 대화에서 '지금 영어 편지를 쓰는 중이죠.' 라고 한다면 영어로는

I'm writing a letter in English.

라고 하는데 이 경우도 현재 하고 있는 동작은 편지를 쓰고 있는 것이 아니라 식사를 하고 있는 것입니다. 따라서 어떤 순간에는 동작이 진행 중이 아니라도 그 동작이 아직 끝나지 않은 또는 진행 중인 경우에는 현재진행형을 씁니다. 이것은 우리말에서와 같은 식으로 생각하면 됩니다.

Review

Point 3 be going to …

'…할 예정이다, …하려고 한다'와 같은 미래의 예정이나 계획은 **be going to** …를 써서 나타냅니다. **be going to**는 형태는 **be**동사에 **go**의 현재분사와 **to**가 붙어 있어서 현재진행형과 같지만 진행의 의미는 없고 뒤에 오는 동사에 의미를 더해 줍니다. 이 점에서는 조동사와 비슷합니다.

(예) **I'm going to write a letter this afternoon.**
오늘 오후 편지를 쓸 작정입니다.

Jane is going to sing at the party.
제인이 파티에서 노래를 부를 겁니다.

We're going to have a party next Saturday.
우린 토요일에 파티를 열 계획입니다.

만일 뒤에 동사가 오지 않고

I'm going to school.

이라고 하면 '나는 학교에 가는 중이다.'라는 현재진행형이 됩니다. (그렇지 않은 경우에 대해서는 나중에 설명하겠습니다.)

be going to의 발음은 **going**의 **go**에 가벼운 악센트를 두고 **be**와 **to**는 가볍고 약하게 발음하고 **be going to**를 끊지 말고 한 번에 발음하도록 합니다.

의문문은 현재진행형과 같이 주어와 **be**동사의 어순을 바꾸면 됩니다. 대답하는 방법도 현재진행형의 경우와 같으며 부정문도 현재진행형과 같이 **be**와 **going** 사이에 **not**를 넣어서 만듭니다.

(예) **Are you going to have a party next Saturday?**
토요일에 파티를 열겁니까?

- Yes, we are.
예

How many people are you going to invite?
몇 사람을 초대할 예정입니까?

- We're going to invite twenty people.
20명을 초대할 예정입니다.

Are Chan-ho and Sun-hee going to come?
찬호와 선희도 옵니까?

- No, they aren't.
아뇨, 오지 않습니다.

I'm not going to play baseball tomorrow.
내일은 야구를 하지 않을 겁니다.

What are you going to do tomorrow?
내일은 무엇을 할 작정입니까?

- I'm going to study English.
영어를 공부할 겁니다.

Point 4 go -ing 형

'…하러 가다' 는 go 뒤에 동사 -ing형을 씁니다. 예를 들면

go shopping 쇼핑하러 가다
go fishing 낚시하러 가다
go skiing 스키 타러 가다
go skating 스케이트를 타러 가다

과 같이 합니다. 그러나 아무 동사나 이런 식으로 말할 수 있는 것은 아니고 의미상 '…하러 가다' 에 어울리는 동사에 한합니다.

(예) **Where are you going?** 어디에 가십니까?
- I'm going shopping. 쇼핑하러 갑니다.

Point 5 현재진행형이 미래를 나타내는 경우

현재진행형은 '지금 …하고 있다' 라는 현재 진행 중인 동작을 나타내는 것이 본래의 의미입니다. 그러나 경우에 따라서는 미래를 나타내어 '…할 예정이다, …할 것이다' 즉, **be going to**와 같은 내용을 나타낼 수 있습니다. 보통 왕래(go, come), 발착(start, depart, leave, arrive), 개시(begin) 등에 관한 동사에 한합니다.

(예) **What are you going to do next Sunday?**
일요일에는 무엇을 할 겁니까?

- I'm going skiing.
스키 타러 갈 예정입니다.

Are Jane and Mary coming to the party?
제인과 메리는 파티에 올 겁니까?

- No, they're not coming.
아뇨, 오지 않을 겁니다.

이것을 이해하기 쉽도록 다음과 같이 생각해 봅시다.

I'm going skiing.은 I'm going to go skiing.

과 같은 의미로 **be going to come**이라는 다소 복잡한 표현을 피하기 위해 **be coming**으로 대신한 것입니다. 물론 **I'm going to fishing.**이나 **They're not going to come.**도 올바른 영어입니다.

그런데

I'm going to skiing.

은 '지금 스키 타러 가는 중이다.' 라는 진행형인지 '스키 타러 갈 예정이다.' 라는 미래의 계획인지는 알 수 없으므로 문장의 전후 관계로 판단해야 합니다.

Part 8

날씨·계절·월의 표현

Unit 01

학습일

날씨에 관한 표현

How is the weather this morning?

오늘 아침 날씨 어때요?

STEP 1 여러 번 듣고 소리내어 반복해서 읽어보세요.

A **How's the weather this morning?**
하우즈 더 웨더 디스 모닝

B **I don't know. Let's look out the window.**
아이 돈ㅌ 노우. 렛츠 룩 아웃 더 윈도우

A **Is the weather good?**
이즈 더 웨더 굿

B **No, it's snowing.**
노우, 잇츠 스노우잉

A **Snowing?**
스노우잉

B **Yes. There's snow everywhere.**
예스. 데얼즈 스노우 애브리웨얼

A **Let's go out and make a snowman.**
렛츠 고우 아웃 앤 메이커 스노우맨

B **Yes, let's.**
예스, 렛츠

A 오늘 아침 날씨 어때요?
B 모르겠어요. 창문 밖을 보죠.
A 날씨 좋나요?
B 아뇨, 눈이 내리고 있어요.
A 눈이 온다고요?
B 네. 온통 눈이에요.
A 밖으로 나가서 눈사람을 만들어요.
B 좋아요.

weather [wéðər] 날씨 **out** [aut] …에서 밖으로, 밖에 **snow** [snou] 눈이 내리다, 눈 **everywhere** [évrihwèər] 모든 곳에 **snowman** [snóumæn] 눈사람 / **cloudy** [kláudi] 흐린 **rain** [rein] 비가 내리다

STEP 2 이것만은 꼭 알아두세요.

How's the weather this morning?

> 날씨를 묻는 가장 일반적인 표현입니다. this morning 위치에 this afternoon, this evening 등 여러 가지 말을 넣어 응용할 수 있습니다.

> '오늘 아침'은 특정한 때이므로 weather에 정관사 the가 붙습니다.

Let's look out the window.

> 이 out은 '…에서 밖으로'라는 전치사로 look out the window는 '창문 밖을 보다'라는 뜻입니다.

No, it's snowing.

> it은 날씨를 나타내는 비인칭 주어로 특별히 받는 것은 없습니다.

> snowing은 snow '눈이 내리다'의 현재분사형입니다.

Snowing?

> Is it snowing?을 줄여서 말한 것으로 놀라서 상대방이 말한 것을 다시 반복해서 묻는 표현입니다.

Let's go out and make a snowman.

> let's는 '~하자'의 뜻으로 권유의 표현입니다.

> go out의 out은 '밖으로'라는 부사입니다.

STEP 3 실전 말하기 훈련

보기와 같이 대답해 봅시다.

| 보기 |

How's the weather today?
(fine) It's fine today.

1. cloudy **2.** raining **3.** snowing

Unit 02

학습일

기온에 관한 표현

It's very hot.

아주 덥습니다.

STEP 1 여러 번 듣고 소리내어 반복해서 읽어보세요.

A **Is it cold in the winter in Korea?**
이짓 콜드 인 더 윈터 인 코리어

B **Yes. In the North it's very cold.**
예스. 인더 노쓰 잇츠 베리 콜드

A **Is it hot in the summer?**
이짓 핫 인 더 썸머

B **Yes. It's very hot.**
예스. 잇츠 베리 핫

A **Are fall and spring pleasant seasons here?**
알 폴 앤 스프링 플레즌트 시즌즈 히얼

B **Yes, they are.**
예스, 데이 알

A 한국의 겨울은 추워요?
B 예. 북쪽 지방은 아주 추워요.
A 여름은 더워요?
B 예. 아주 덥습니다.
A 한국의 봄과 가을은 좋은 계절이에요?
B 그래요.

cold [kould] 추운 **winter** [wíntər] 겨울 **the North** [ðə nɔːrθ] 북부지방 **hot** [hɑt] 더운
summer [sʌ́mər] 여름 **fall** [fɔːl] 가을 **spring** [spriŋ] 봄 **pleasant** [pléznt] 기분 좋은
season [síːzn] 계절

STEP 2 이것만은 꼭 알아두세요.

Is it cold in the winter in Korea?

> 온도도 **it**을 주어로 하며 비인칭 주어이므로 해석하지 않습니다.

> **in the winter**는 '겨울에' 의 뜻으로 일반적으로 **in**을 붙여 '봄에, 여름에' 등으로 할 때에는 정관사를 붙여도 되고 붙이지 않아도 됩니다.

In the North it's very cold.

> **the North**는 '북부지방' 이라는 의미이지만 **north**라고 소문자로 쓰면 '북쪽의' 라는 형용사 또는 명사가 됩니다.

> **in the North**(북부지방에서)를 강조하기 위해 문장 앞에 왔습니다.

100이상의 기수

> **100** one hundred　　**101** one hundred and one
102 one hundred and two　　**110** one hundred and ten
111 one hundred and eleven　　**120** one hundred and twenty
122 one hundred and twenty-two

와 같이 **100**에 **1**부터 **99**까지의 수를 첨가해서 말합니다.

200 two hundred　　**300** three hundred
1,000 one thousand

STEP 3 실전 말하기 훈련

주어진 조건에 맞게 〈문형연습〉을 해봅시다.

It's cold in the winter in Korea.

1. Is it?
2. Yes
3. in the spring?
4. No
5. When?
6. in the winter

Unit 03

학습일

월에 관한 표현

How many months are there in a year? 1년은 몇 달입니까?

STEP 1 여러 번 듣고 소리내어 반복해서 읽어보세요.

A **How many months are there in a year?**
하우 메니 먼스 알 데어린 어 이얼

B **There are twelve.**
데어라 투엘브

A **What are they?**
웟 알 데이

B **They are January, February, March, April,**
데이 알 제뉴어리, 페브러리, 마치, 에이프릴
May, June, July, August, September, October,
메이, 쥰, 줄라이, 어거스트, 셉템버, 악토버
November, and December.
노벰버, 앤 디쎔버

A 1년은 몇 달입니까?
B 12달입니다.
A 무엇입니까?
B 1월, 2월, 3월, 4월,
5월, 6월, 7월, 8월, 9월,
10월, 11월, 12월입니다.

month [mʌnθ] 월 **year** [jiə:r] 년

STEP 2 이것만은 꼭 알아두세요.

How many months are there in a year?

> months [mʌnθs]는 [mʌns]로 발음할 수도 있습니다.

> in a year는 '1년 중에는' 라는 뜻입니다.

What are they?

> are에 강한 강세가 있습니다.

They are January, February, ... November, and December.

> 이름을 순서대로 열거할 때는 보통 A, B, C, D(,) and E와 같이 마지막에 and를 넣습니다.

> 발음은 콤마의 위치에서 올리는 어조로 마지막에서 내리는 어조로 합니다.

> 월 이름은 고유명사이므로 첫 글자를 대문자로 표기합니다.

> 월 이름은 Jan.= January와 같이 생략해서 쓸 수 있으며 이 경우에는 생략 표시로 피리어드(.)를 찍습니다.

STEP 3 실전 말하기 훈련

다음을 영어로 말해 봅시다.

1. 3월 3일
2. 5월 5일
3. 8월 21일
4. 10월 12일
5. 12월 25일
6. 1월 1일
7. 4월 16일
8. 2월 8일
9. 6월 6일
10. 7월 4일
11. 9월 20일
12. 11월 9일

Review

Point 1 날씨 표현

'오늘 날씨는 어떻습니까?' 는 How's the weather today?라고 합니다. today 자리에 this morning(오늘 아침), this evening(오늘 밤) 등을 넣어,

How's the weather this morning? 오늘 아침 날씨 어떻습니까?
How's the weather this evening? 오늘 저녁 날씨 어떻습니까?

등으로 활용합니다. 이것은 예를 들면 방 안에 있어서 외부의 상태를 모를 경우 등에 묻는 질문입니다.

What's the weather like today? 오늘 날씨 어때요?
How's the weather out there? 바깥 날씨는 어때요?
Isn't it a wonderful day? 날씨가 참 좋죠?
Do you like this kind of weather? 이런 날씨 좋아하세요?

대답은

It's fine this morning. 오늘 아침 날씨 좋군요.

이라고 합니다. fine은 '날씨가 좋은' 이라는 형용사이고 it은 날씨·기온 등을 말할 때 이용하는 특별한 it입니다. 앞에서 시간에 사용하는 it은 공부했지만 이 it도 같은 용법입니다. 이 it은 앞의 것을 받는 대명사가 아니라는 것을 알아둡시다. 시간의 경우와 같이 날씨·온도의 표현도 it을 주어로 해서 나타냅니다.

(예) **It's raining.** 비가 온다.
It's cloudy. 흐리다.
It's snowing. 눈이 온다.

또한 '날씨가 좋다[나쁘다]' 는 The weather is good[bad].과 같이 weather를 주어로 말할 수도 있습니다.

(예) **Is the weather good?**
- No, it isn't. It's bad.

대답의 it은 날씨·온도의 it이 아니고 weather를 받는 대명사 it입니다.

weather에는 보통은 관사를 붙이지 않지만 '오늘의 날씨, 내일의 날씨'와 같이 특정한 날의 날씨를 말할 때는 the를 붙입니다.

Point 2 기온 표현

'덥다, 춥다' 라는 기온도 날씨와 같이 it을 주어로 합니다.

(예)	**It's clear.**	맑아요.
	It's warm.	따뜻하다.
	It's hot.	덥다.
	It's very hot.	매우 덥다.
	It's boiling.	찌는 듯해요.
	It's humid.	눅눅해요.
	It's cool.	시원하다.
	It's cold.	춥다.

warm [wɔːrm] '따뜻한', cool [kuːl] '시원한' 이라는 형용사입니다.

〈질문과 대답 예〉

Is it cold in the winter in Korea?	한국은 겨울이 춥습니까?
- Yes, it is. It's very cold.	예, 매우 춥습니다.
Is it hot in the summer?	여름은 덥습니까?
- Yes, it is. It's very hot.	예, 매우 덥습니다.

Is it warm in the winter in Korea?	한국은 겨울이 따뜻합니까?
- No, it isn't. It's cold.	아뇨, 춥습니다.

Point 3 계절 이름

계절은

spring 봄 **summer** 여름 **fall** 가을 **winter** 겨울

라고 합니다. 영국에서는 autumn을, 미국에서는 autumn보다는 fall 쪽을 더욱 많이 사용합니다. fall은 '떨어지다' 라는 의미의 동사이기도 하지만 '낙엽이 떨어지다' 에서 '가을' 이라는 의미가 된 것입니다. '봄에, 가을에' 등과 같이 in을 붙여서 말할 때는 in the spring, in the summer와 같이 the를 붙일 수도 있고, in spring, in summer와 같이 정관사가 없어도 됩니다. 단 in the spring에는 the를 붙이지만 기타 계절은 관사 없이 사용할 때가 많습니다. 그러나 '올 여름' 과 같은 특정한 여름에는 the를 붙여야 합니다.

월 이름은

January [dʒǽnjuèri] 1월
February [fébruèri] 2월
March [mɑːrtʃ] 3월
April [éiprəl] 4월
May [mei] 5월
June [dʒuːn] 6월
July [dʒuːlái] 7월
August [ɔ́ːgəst] 8월
September [səptémbər] 9월
October [ɑktóubər] 10월
November [nouvémbər] 11월
December [disémbər] 12월

라고 부릅니다. February는 [fébruəri]라고 발음할 수도 있고 월 이름의 첫 글자는 반드시 대문자로 표기합니다. 또한 '…월에' 는 in이라는 전치사를 써서 It's very cold in January.(1월은 매우 춥다.)라고 합니다.

월 이름은 날짜 등을 말할 때는 약자로 쓰는 경우가 많습니다.

Jan., Feb., Mar., Apr., May, Jun., Jul., Aug., Sep또는 Sept., Oct., Nov., Dec.와 같이 처음부터 3글자(9월은 Sept.도 사용된다.)로 줄이고 뒤에 피어리어드(.)를 찍습니다. 그러나 May는 원래 세 글자여서 그대로 쓰고 피어리드도 찍지 않습니다.

〈기타 계절 관련 표현〉

Which season do you like best?	어느 계절을 가장 좋아하세요?
How do you like the spring here?	이곳의 봄을 좋아하세요?
July and August in Korea are so hot.	한국에서 7월과 8월은 무척 더워요.
I'm very sensitive to heat.	저는 더위를 잘 타요.
The hottest season is yet to come.	정말 더위는 이제부터예요.
It seems like fall has already gone.	가을이 벌써 지나간 거 같네요.
Winter changed to spring.	겨울에서 봄이 되었습니다.

Point 4 날짜 표현

월일은 월 이름 다음에 날짜를 서수(first, second, third …)로 말하며 날짜에 the를 붙일 수도 있고 붙이지 않아도 됩니다.

(예)	**February the second**	2월 2일
	April the tenth	4월 10일
	August the twenty-first	8월 21일

일기, 편지 등에는 February 2 또는 Feb. 2와 같이 아라비아 숫자로 날짜를 쓰는 것이 일반적이며 2nd, 3rd와 같이 -nd, -rd나 -th를 반드시 붙일 필요는 없습니다.

요일과 함께 사용할 때는 Sunday, January 27과 같이 요일을 날짜 앞에 넣고 콤마를 넣습니다. 요일이 앞에 오는 이유는 유럽에서는 날짜보다 요일이 일상생활의 기반이기 때문이며 그리스도교에서 유래하는 관습입니다.

연도는 August 27, 2010와 같이 날짜와 연도를 콤마로 구분하며 일반적으로 연도는 2단위씩 끊어 읽어서 2010년은 twenty ten으로 읽습니다.

What's the date today?	오늘이 며칠이죠?
What's the occasion?	오늘이 무슨 날이죠?
What special day is today?	오늘이 무슨 특별한 날입니까?
Have you settled on a date yet?	날짜 정했어요?

Point 5 셋 이상의 명사를 나열할 때

월 이름을 **January, February, March, … and December** 등으로 나열할 때는 하나씩 가볍게 올려서 말하고 마지막의 **and December**를 내려서 말합니다. **and**는 마지막 명사 앞에 붙입니다. 표기하는 경우에는 하나씩 콤마로 나누고 마지막 **and** 앞에는 콤마를 붙일 수도 있고 붙이지 않아도 됩니다. 일반적으로는 **A, B, C, D(,) and E**와 같이 합니다.

하나씩을 올려서 말하지 않고 내려서 말하는 게 틀리다는 것은 아니고 하나씩 가볍게 올려서 말하는 것이 일반적이라는 것입니다. 내려서 말하면 하나씩 특별히 강조하는 느낌이 됩니다. 예를 들면 권투에서 다운된 선수에게 심판이 카운트를 할 때는 **one, two, three, four** …와 같이 내려서 말하는데 이것은 하나씩 하나씩 숫자를 강조하는 것입니다.

Point 6 100 이상의 기수 말하기

100은 **one hundred** [wʌ́n hʌ́ndrəd]이고, **101**은 **one hundred and one**과 같이 **100** 다음에 **one**을 말하면 되고 **and**는 생략할 수 있습니다. 단 **and**를 말하는 경우가 많다고 알아둡시다. 넣는 경우에는 **and**는 가볍게 [ənd] 또는 [ən]과 같이 악센트를 넣지 않고 말하고 빨리 말할 때는 [n]음으로 됩니다.

102 이상도 같은 방법으로 **100** 다음에 기수를 넣으면 됩니다.

(예) 102 **one hundred (and) two**
110 **one hundred (and) ten**
115 **one hundred (and) fifteen**
129 **one hundred (and) twenty-nine**
199 **one hundred (and) ninety-nine**

200은 **two hundred**입니다. **201** 이상은 **101** 이상의 수와 같이 **200** 다음에 기수를 넣어 말합니다.

(예) 201 **two hundred (and) one**
225 **two hundred (and) twenty-five**

299 **two hundred (and) ninety-nine**

그 이상의 수는

(예) 300 **three hundred**
400 **four hundred**
500 **five hundred**
600 **six hundred**
700 **seven hundred**
800 **eight hundred**
900 **nine hundred**

이고 그 사이의 수는 100, 200을 세는 방법과 같이 말하면 됩니다.

1,000은 one thousand [wʌn θáuzənd], 1,001은 one thousand one이라고 합니다.

1,000과 100 단위 사이에는 and를 넣습니다.

(예) 1,002 **one thousand (and) two**
1,111 **one thousand one hundred (and) eleven**
1,999 **one thousand nine hundred (and) ninety-nine**

2,000은 two thousand, 3,000은 three thousand와 같이 thousand에 four, five, six, seven, eight, nine을 붙이므로 9,999는 nine thousand nine hundred (and) ninety-nine이라고 합니다.

이 이상의 수는

10,000은 ten thousand라고 하며 100,000은 one hundred thousand이므로 999,999는 nine hundred ninety-nine thousand nine hundred (and) ninety-nine이 됩니다. 1,000,000은 one million[wʌn míljən]이라고 합니다.

그러면 쉽게 정리를 해봅시다.

영어에서는 3단위씩 나누어 단위를 넣고 읽습니다. 그리고 한 단위는 '…백

…십 몇' 으로 읽습니다. 예를 들면,

6 2 3 , 7 5 6 , 2 8 9

million thousand

처럼 읽습니다. 위의 수에서 첫 623은 six hundred (and) twenty three로 읽고 다음에 million을 말하고, 다음 756을 seven hundred (and) fifty-six를 읽고 다음 단위인 thousand를 말하고, 다음 289를 two hundred (and) eighty-nine으로 읽으면 됩니다. 연결해 보면 six hundred (and) twenty three million seven hundred (and) fifty-six thousand two hundred (and) eighty-nine
입니다.

즉, 숫자를 써서 3단위씩 콤마를 찍는데 그 콤마 자리에 단위의 이름을 넣고 다음은 100단위씩 읽습니다.

Part 9

형용사를 이용한 비교 표현_1

Unit 01

학습일

나이 묻고 답하기 How old ~?

How old are you?

몇 살이에요?

STEP 1 여러 번 듣고 소리내어 반복해서 읽어보세요.

A **How old are you, Mike?**
하우 올드 알 유, 마이크

B **I'm thirteen years old.**
아임 써틴 이어즈 오울드

Are you thirteen, too?
알 유 써틴, 투

A **Yes, I am. How old is your little sister?**
예스, 아이 엠. 하우 오울드 이즈 유얼 리를 시스터

B **She's nine. She's in the fourth grade.**
쉬즈 나인. 쉬즈 인 더 풔스 그레이드

A 몇 살이에요, 마이크?

B 저는 13살이에요.
당신도 13살인가요?

A 그래요. 여동생은 몇 살인가요?

B 9살이요. 4학년이에요.

grade [greid] 초등학교 · 중학교의 학년

STEP 2 이것만은 꼭 알아두세요.

How old are you, Mike? - I'm thirteen years old.

> 나이를 묻고 대답하는 표현입니다. '…살(세)입니다'는 be … years old, '몇 살입니까'는 How old …?라고 합니다. old는 '나이가 …살(세)인'이라는 의미로 의문문은 다음과 같이 만듭니다.

		I	am	thirteen years old	.
	Are	you		thirteen years old	?
				↓ how old	
How old	are	you			

How old are you?

> How old는 how와 old를 같은 강세로 말합니다.

Are you thirteen, too?

> '…살'의 years old는 때때로 생략됩니다.

She's in the fourth grade.

> 미국에서는 초등학교·중학교(때로는 고등학교) 학년을 grade라고 합니다.

STEP 3 실전 말하기 훈련

주어진 조건에 맞게 〈문형연습〉을 해봅시다.

I'm thirteen years old.

1. Are you?
2. Yes
3. fourteen?
4. No
5. How old?
6. thirteen

Unit 02

학습일

형용사를 이용한 비교급

I'm two years older than you.

나는 당신보다 2살 많아요.

STEP 1 여러 번 듣고 소리내어 반복해서 읽어보세요.

A **How old are you, Bill?**
하우 올드 알 유, 빌

B **I'm fifteen, Alice.**
아임 핍틴, 앨리스

A **Really? Then you are older than I am.**
리얼리? 댄 유 알 올더 댄 아이 엠

B **That's right. I'm two years older than you.**
댓츠 롸잇. 아임 투 이얼즈 올더 댄 유

And you are two years younger than I.
앤 유 알 투 이얼즈 영거 댄 아이

A 몇 살이에요, 빌?
B 15살이에요, 앨리스.
A 그래요? 그럼 당신은 나보다 나이가 많군요.
B 맞아요. 나는 당신보다 2살 많아요.
그리고 당신은 나보다 2살 어려요.

older [ouldər] …보다 나이가 많은, …보다 연상인〈old의 비교급〉 **than** [ðæn] …보다 **younger** [jʌ́ŋgər] …보다 나이가 적은, …보다 연하인〈young의 비교급〉

STEP 2 이것만은 꼭 알아두세요.

Then you are older than I am.

> '…보다 나이가 많다'는 **old**에 **-er**을 붙인 비교급을 쓰고 '…보다'라는 의미의 **than**을 이용합니다. **old**는 '늙은'의 의미이지만 이와 같이 비교급을 이용하면 단순히 나이가 '많다'는 것을 나타냅니다.
> **than** 뒤는 **than I**로 **be**동사를 생략할 수 있습니다.
> **than I am**에서는 **I**에 강세가 있습니다.

I'm two years older than you.

> '~보다 나이가 …살 위다'는 이 문장처럼 비교급 앞에 '…살(세)'에 해당하는 말을 넣습니다.
> **than you**는 **than you are**라고 해도 됩니다.

And you are two years younger than I.

> **younger**는 **young**의 비교급으로 **young**은 '젊은'이라는 의미이지만 비교급으로 하면 '…보다 나이가 적다'는 것을 나타냅니다. 발음은 **young** [jʌŋ]에는 없는 [g]음이 들어갑니다.
> '…살'에 해당하는 말을 비교급 앞에 넣습니다.
> **than I**는 **than I am**이라고 해도 됩니다.

STEP 3 실전 말하기 훈련

주어진 조건에 맞게 〈문형연습〉을 해봅시다.

I'm older than you are.

1. Are you?
2. Yes
3. younger?
4. No
5. How many years older?
6. two years

Unit 03

학습일

키에 관한 표현 How tall ~?

How tall are you?

키가 얼마나 되죠?

STEP 1 여러 번 듣고 소리내어 반복해서 읽어보세요.

A **How tall are you, Mike?**
하우 톨 알 유, 마이크

B **I'm 170 centimeters tall.**
아임 원 헌드렛 세븐티 센티미털즈 톨

How tall are you, Alice?
하우 톨 알 유, 앨리스

A **165 centimeters.**
원 헌드렛 식스티 파이브 센티미털즈

B **Then I'm five centimeters taller than you are.**
댄 아임 파이브 센티미털즈 톨러 댄 유 알

A **That's right.**
댓츠 롸잇

I'm five centimeters shorter than you.
아임 파이브 센티미털즈 쇼터 댄 유

A 키가 얼마나 되죠, 마이크?

B 170센티미터요.
당신은 키가 얼마에요, 앨리스?

A 저는 165센티미터예요.

B 그러면 내가 당신보다 5센티미터 더 크군요.

A 맞아요.
나는 당신보다 5센티미터 작아요.

centimeter [séntəmì:tər] 센티미터 **taller** [tɔ:lər] …보다 키가 큰〈tall의 비교급〉 **shorter** [ʃɔ:rtər] …보다 키가 작은〈short의 비교급〉

STEP 2 이것만은 꼭 알아두세요.

How tall are you?

How	old	are	you	?
How	tall	are	you	?

> 보통 '얼마나 …입니까?'는 **How … are you?**로 표현합니다. … 위치에 **old-young**, **tall-short**와 같은 반대의 의미를 가진 말 중에 **old**, **tall**과 같은 '정도'의 큰 쪽을 사용합니다. **How young are you?**는 어리다는 것을 문제로 할 경우에만 사용합니다.

I'm 170 centimeters tall.

> **I'm … tall.**은 '키가 …이다'의 뜻입니다.

cf. I'm thirteen years old.

165 centimeters.

> **I'm 165 centimeters tall.**을 줄인 형태입니다.

Then I'm five centimeters taller than you are.

> **taller**는 **tall**의 비교급으로 '…만큼 키가 크다'는 '…'에 해당하는 말을 비교급 앞에 놓습니다. cf. I'm two years older than you are.

> **1**부터 **12**까지의 수는 계산이나 숫자를 나열할 때 외에는 문자로 씁니다.

That's right.

> '맞다'라고 긍정의 동의를 나타낼 때 사용합니다.

STEP 3 실전 말하기 훈련

주어진 조건에 맞게 〈문형연습〉을 해봅시다.

I'm five centimeters taller than you.

1. Are you?
2. Yes
3. four centimeters?
4. No
5. How many centimeters?
6. five centimeters

Unit 04

학습일

who를 이용한 비교표현

Who's taller, Betty or I?

베티와 나 중에 누가 큰가요?

STEP 1 여러 번 듣고 소리내어 반복해서 읽어보세요.

A **Who's taller, Betty or I?**
후즈 톨러, 베티 오어 아이

B **Let's see. Betty is a little taller than you, Emily.**
렛츠 씨. 베티 이저 리틀 톨러 댄 유, 에밀리

A **Really? Am I shorter than she is?**
리얼리? 엠 아이 쇼터 댄 쉬 이즈

B **Well, please stand side by side.**
웰, 플리즈 스탠 사잇 바이 사이드

A **Now who's taller?**
나우 후즈 톨러

B **Don't stand on your tiptoes, Emily.**
돈ㅌ 스탠 온 유얼 팁토즈, 에밀리

O.K. Betty and you are about the same height.
오우케이. 베티 앤 유 알 어바웃 더 세임 하잇ㅌ

A 베티와 나 중에 누가 큰가요?
B 어디 보자. 베티가 너보다 조금 커요, 에밀리.
A 그래요? 제가 더 작다고요?
B 한번 나란히 서 봐요.
A 이제, 누가 키가 큰가요?
B 에밀리, 발뒤꿈치 들지 마요.
좋아요. 베티와 당신은 키가 비슷하군요.

Betty [beti] 여자 이름 **Let's see** 어디 보자, 글쎄 **a little** [ə lítl] 약간, 조금 **well** [wel] 그러면 **stand** [stænd] 서다 **side by side** 나란히 **tiptoe** [típtò] 발끝 **same** [seim] 같은 **height** [hait] 높이, 키

STEP 2 이것만은 꼭 알아두세요.

Who's taller, Betty or I?

> 두 사람에 대해 '누가 더 …입니까?'는 **Who is** (비교급), **A or B?**라는 문형으로 합니다.

> **A or B**는 '**A or B** 의문문'과 같이 **A** 뒤에서 올리고 **B** 뒤에서는 내립니다.

Let's see.

> 바로 대답할 수 없는 경우에 사용합니다.

Betty is a little taller than you, Emily.

> **Who's taller …?**의 대답입니다. 이것은 의문사가 있는 의문문에 대한 대답이므로 **yes, no**는 사용하지 않습니다.

Now who's taller?

> **Who's taller** (, **Betty or I**)**?**의 부분은 이미 알고 있는 것이므로 생략합니다.

Betty and you are about the same height.

> 보통 '**A**와 **B**는 비슷하다'라고 할 때의 문형입니다. **height** 대신에 '나이'의 **age**[eidʒ]를 사용해서 **A and B are the same age.**라고 하면 '**A**와 **B**는 나이가 비슷하다'가 됩니다.

STEP 3 실전 말하기 훈련

주어진 조건에 맞게 〈문형연습〉을 해봅시다.

Betty is taller than Emily.

1. Is Betty?
2. Yes
3. Is Emily?
4. No
5. Who, Betty or Emily?
6. Betty

Unit 05

학습일

which를 이용한 비교 표현과 비교급에서의 much

Which is bigger, the United States or Canada? 미국과 캐나다 중 어느 나라가 큽니까?

STEP 1 여러 번 듣고 소리내어 반복해서 읽어보세요.

A **Which is bigger, the United States or Canada?**
위치 이즈 비거, 디 유나이팃 스테이츠 오어 캐너더

B **Let's look at the world map.**
렛츠 룩캣 더 월드 맵

Canada is bigger than the United States.
캐너더 이즈 비거 댄 디 유나이팃 스테이츠

A **Is Britain bigger than the United States?**
이즈 브리튼 비거 댄 디 유나이팃 스테이츠

B **No. It's much smaller than the United States.**
노우. 잇츠 머취 스몰러 댄 디 유나이팃 스테이츠

A 미국과 캐나다 중 어느 나라가 큽니까?
B 세계지도를 보죠.
캐나다가 미국보다 크네요.
A 영국은 미국보다 큰가요?
B 아뇨, 미국보다 훨씬 작아요.

bigger [bigər] …보다 큰〈big의 비교급〉 **Canada** [kǽnədə] 캐나다 **world** [wə:rld] 세계 **Britain** [brítn] 영국 **much** [mʌtʃ] 〈비교급에 붙어〉 매우, 훨씬 **smaller** [smɔ:lər] …보다 작은〈small의 비교급〉

STEP 2 이것만은 꼭 알아두세요.

Which is bigger, the United States or Canada?

> 이 문장은 선택의문문으로 'Which is (비교급), A or B?' 의 문형입니다. A에서 올리고 B에서 내립니다.

> big과 같이 〈단모음 + 자음글자〉의 형용사의 비교급은 자음글자를 중복하고 -er을 붙입니다.

Let's look at the world map.

> Let's는 '…합시다' 의 뜻입니다.

> look at은 '…을 보다' 의 뜻입니다.

Is Britain bigger than the United States?

> Britain이란 그레이트 브리튼섬(Great Britain)과 북아일랜드(Northern Ireland)를 포함하는 연합왕국(The United Kingdom)의 약칭으로 우리가 보통 영국이라고 할 때는 Britain을 가리킵니다.

It's much smaller than the United States.

> 비교급을 강조해서 '매우, 훨씬' 이라고 할 때는 very가 아니라 much를 사용합니다.

> 비교급 앞에는 much, still, far, even, a lot 등의 수식어를 쓸 수 있습니다.

(예) **He's much older than I.**
그는 나보다 훨씬 나이가 많다.

She is even taller than her father.
그녀의 아버지도 큰데, 그녀는 그런 아버지보다도 크다.

STEP 3 실전 말하기 훈련

주어진 조건에 맞게 〈문형연습〉을 해봅시다.

Britain is smaller than the United States.

1. Is Britain?
2. Yes, much
3. Is Canada?
4. No
5. Is Korea?
6. Yes, much

Unit 06

학습일

최상급 표현

You are the oldest of the three.

당신이 셋 중에 가장 나이가 많네요.

STEP 1 여러 번 듣고 소리내어 반복해서 읽어보세요.

A **How old are you, John?**
하우 오울드 알 유, 존

B **I'm twelve.**
아임 투엘브

A **How old is Tom?**
하우 오울드 이즈 탐

B **He's eleven.**
히즈 일레븐

A **Is Paul older than Tom?**
이즈 폴 올더 댄 탐

B **No, he's younger than Tom.**
노우, 히즈 영거 댄 탐

A **Then you're the oldest of the three.**
덴 유알 디 올디스트 옵 더 쓰리

A 몇 살인가요, 존?
B 12살이요.
A 톰은 몇 살이죠?
B 11살이요.
A 폴은 톰보다 나이가 많나요?
B 아뇨, 그는 톰보다 어려요.
A 그럼, 당신이 셋 중에 가장 나이가 많네요.

oldest [ouldist] 가장 나이가 많은〈old의 최상급〉 **of** [ʌv] 〈최상급에서〉 …중에서

STEP 2 이것만은 꼭 알아두세요.

I'm twelve.

> I'm twelve (years old). 의 (   )의 부분이 생략되었습니다.

No, he's younger than Tom.

> 나이가 적다는 대답이므로 **younger**에 강세가 있습니다.

Then you're the oldest of the three.

> '가장 …인' 이라는 의미는 형용사에 **-est**를 붙여 나타내며 이것을 최상급이라고 합니다. 비교급 〈형용사 + **er**〉과 최상급에 대해 형용사 원래의 형태를 원급이라고 부릅니다. 즉, 형용사에는 원급·비교급·최상급이라는 비교변화가 있습니다.

원급	비교급	최상급
old	older	oldest

> 최상급에는 보통 정관사 **the**를 붙입니다.

> **the oldest**는 **the oldest boy**의 **boy**가 생략된 것으로 최상급 다음에 오는 명사는 보통 생략해서 〈**the +** 최상급〉으로 '가장 …인 사람[사물]' 을 가리킵니다.

> '…인 중에서' 는 **of**로 나타냅니다.

STEP 3 실전 말하기 훈련

주어진 조건에 맞게 〈문형연습〉을 해봅시다.

I'm the oldest of the three.

1. Are you?
2. Yes
3. Is Tom?
4. No
5. Who?
6. I

Unit 07

학습일

in '~인 중에서'의 용법

He's the tallest boy in our class.

그는 우리 반에서 키가 가장 커요.

STEP 1 여러 번 듣고 소리내어 반복해서 읽어보세요.

A **Do you know George?**
두 유 노우 죠지

B **Yes, I do. He's the tallest boy in our class.**
예스, 아이 두. 히즈 더 톨리스트 보이 인 아우어 클래스

A **Really? Is he taller than you?**
리얼리? 이즈 히 톨러 댄 유

B **Yes. I'm the second tallest in our class.**
예스. 아임 더 세컨 톨리스트 인 아우어 클래스

A 당신은 조지를 아나요?
B 그래요. 그는 우리 반에서 키가 가장 커요.
A 그래요? 당신보다 키가 큰가요?
B 네. 저는 우리 반에서 두 번째로 키가 커요.

tallest [tɔːlist] 가장 키가 큰〈tall의 최상급〉 **class** [klæs, klɑːs] 학급, 반

STEP 2 이것만은 꼭 알아두세요.

He's the tallest boy in our class.

> tallest는 tall의 최상급입니다.

> 최상급에는 정관사 the를 붙입니다.

> '…중에서'의 '3명, 20명, 전체' 등 확실한 수는 of를 쓰며 그 외에는 in을 씁니다.

I'm the second tallest in our class.

> the second tallest는 '두 번째로 키가 큰 (사람)'. 이것은 the second oldest '두 번째로 나이가 많은 (사람)', the third tallest '세 번째로 키가 큰 (사람)', the fourth tallest '네 번째로 키가 큰 (사람)'으로 활용할 수 있습니다.

> the second tallest 뒤에는 boy가 생략되어 있습니다.

STEP 3 실전 말하기 훈련

주어진 조건에 맞게 〈문형연습〉을 해봅시다.

George is the tallest boy in our class.

1. Is George?
2. Yes
3. Are you?
4. No
5. Who?
6. George

Unit 08

학습일

more, most가 붙는 비교급과 최상급

The red tulips are the most beautiful of all. 빨간 튤립이 가장 예뻐요.

STEP 1 여러 번 듣고 소리내어 반복해서 읽어보세요.

A **What a nice greenhouse!**
와러 나이스 그린하우스

B **Thank you.**
땡큐

A **Do you grow only tulips?**
두 유 그로우 오운리 튤립스

B **Yes. I grow white ones, red ones, and yellow ones.**
예스. 아이 그로우 화잇 원스, 레드 원스, 앤 옐로우 원스

A **The red tulips are more beautiful than the yellow ones.**
더 레드 튤립스 알 모어 뷰터펄 댄 더 옐로우 원스

B **Do you think so?**
두유 씽 쏘

A **Yes. The red tulips are the most beautiful of all.**
예스. 더 레드 튤립스 알 더 모슷 뷰터펄 옵 올

A 온실이 멋진데요!
B 고마워요.
A 튤립만 기르나요?
B 그래요. 흰 튤립, 빨간 튤립, 노란 튤립을 기르고 있어요.
A 빨간 튤립이 노란 것보다 예쁘군요.
B 그렇게 생각하세요?
A 그래요. 빨간 튤립이 가장 예뻐요.

greenhouse [gríːnhàus] 온실 **grow** [grou] 재배하다 **yellow** [jélou] 노란 **think** [θiŋk] 생각하다 **so** [sou] 그렇게 **more** [mɔːr] 1음절 이상의 형용사에 붙어 비교급을 만드는 말 **most** [moust] 2음절 이상의 형용사에 붙어 최상급을 만드는 말

STEP 2 이것만은 꼭 알아두세요.

What a nice greenhouse!

> what의 감탄 표현입니다.

The red tulips are more beautiful than the yellow ones.

> beautiful과 같은 긴 형용사(보통 2음절 이상의 대부분의 형용사)는 -er을 붙이지 않고 more를 앞에 붙여 비교급을 만듭니다. 최상급일 때는 most를 쓰며 more에는 그다지 강한 강세를 두지 않고 발음합니다.

> the가 붙어 있으므로 이 온실 안에 있는 모든 튤립을 비교하고 있습니다.

Do you think so?

> so는 앞 문장의 내용을 받습니다.

The red tulips are the most beautiful of all.

> more를 붙이는 형용사는 -est 대신에 most를 붙여서 최상급을 만듭니다.

> 정관사 the는 most 앞에 붙습니다.

> the most beautiful은 '가장 예쁜 것(튤립)'의 뜻입니다.

> of all은 '모든 것(튤립) 중에서'의 뜻입니다.

STEP 3 실전 말하기 훈련

주어진 조건에 맞게 〈문형연습〉을 해봅시다.

The red tulips are more beautiful than the yellow ones.

1. Are the red tulips?
2. Yes
3. Are the white tulips?
4. No
5. Which tulips ... the most beautiful?
6. the red tulips

Review

Point 1 나이 표현

비교 표현을 배우기 전에 그 기초가 되는 나이와 키 표현을 확실히 알아둡시다. 먼저 '나는 13살입니다.' 는

I'm thirteen years old.

라고 합니다. 즉, **be … years old**의 …에 나이를 넣어서 말하면 됩니다.

'존은 15살입니다.' 는

John is fifteen years old.

라고 합니다. **year**는 '년(해)' 이라는 의미이고 **old**는 여기에서는 '…살' 이라는 의미로 앞에서 **old**는 '늙은' 으로 배웠지만 나이 표현에서는 '나이 먹은, 노인의' 라는 의미는 전혀 없고 단지 '나이가 …살' 을 나타냅니다.

그러나 회화에서는 **years old**를 생략하고

I'm thirteen.

이라고 합니다.

Point 2 나이 묻고 답하기

'당신은 13살입니까?' 는

Are you thirteen years old?

라고 묻고, 대답은

Yes, I am.

No, I'm not.

으로 합니다. '존도 13살입니까?' 는

Is John thirteen years old, too?

라고 합니다. 대답은

Yes, he is.
No, he isn't.

라고 하면 됩니다.

'당신은 몇 살입니까?' 는 '몇 살' 이라는 의미의 **how old**를 문두에 내어

How old are you?

라고 하면 됩니다. '그는 몇 살입니까?' 는

How old is he?

'철수는 몇 살입니까?' 는

How old is Chul-soo?

라고 합니다.

How old are you?에 대한 대답은 **yes**나 **no**로 하지 않고

I'm thirteen years old.

라고 합니다.

회화에서는 **I'm**도 생략하고

How old are you?
- Twelve. 12살이에요.
라고 합니다.

Could you tell me your age?	당신의 나이를 알려 주시겠습니까?
What's your age?	나이가 어떻게 되십니까?
May I ask how old he is?	그가 몇 살인지 물어봐도 될까요?
I'd rather not tell you how old I am.	나이를 말하고 싶지 않아요.
Guess how old I am.	제가 몇 살인지 추측해 보세요.
I'm in my early twenties.	20대 초반입니다.
I'm just your age.	저는 당신과 동갑입니다.
You look young[old] for your age.	나이에 비해 젊어[늙어] 보이시는군요.

Point 3 키 표현

'내 키는 …입니다.'는 be … tall이라는 문형을 사용합니다.

…의 위치에 170 centimeters(170센티미터), 158 centimeters(158센티미터) 등의 키를 넣으면 됩니다. 그러므로 '내 키는 170센티미터입니다.'는

I'm 170 centimeters tall.

이라고 합니다. '그녀도 170센티미터입니다.'는

She's 170 centimeters tall, too.

라고 합니다. 이 표현은 나이 표현과 형식이 같으며 I'm thirteen years old.와 비교해 보면 나이를 말할 때는 be … years old.이고 키를 말할 때는 be … centimeters tall이 되는 것입니다. 여기의 tall은 '키가 큰'이라는 의미는 없고 '키가 …인'이라는 의미입니다. 이 점에서도 나이 표현의 old가 '늙은'이라는 의미는 없고 '나이가 …살'이라는 의미로 되는 것과 같습니다.

회화에서는 tall은 생략되어

I'm 165 centimeters.

로 합니다. 또한 centimeters도 오해의 소지가 없으면 생략해도 됩니다.

'당신의 키는 얼마입니까?'는 How tall are you?입니다.

(예) **How tall are you, Chul-soo?** 키가 얼마예요, 철수?
- I'm 177. 177이에요.

How tall is your sister? 여동생은 얼마죠?
- She's 160 centimeters. 160센티미터예요.

Point 4 길이 · 높이 · 폭 말하기

'~은 길이 · 높이 · 폭이 …이다'와 그 의문문 '~은 길이 · 높이 · 폭이 …얼마입니까?'라는 표현을 배워봅시다. 이 표현은 공통되는 하나의 형식이 있

습니다. 나이나 키를 묻는 표현도 그 일부이며 독자들이 알고 있는 단어가 아직 한정되어 있기 때문에 어떤 것이든 말할 수 있다고는 말할 수 없지만 단어만 알고 있다면 형식은 같습니다.

'~는 …가 ~이다'는

be + 수를 나타내는 말 + 형용사

라는 형식입니다. 예를 들면 '이 연필은 길이가 15센티미터다.'는

This pencil is fifteen centimeters long.

이라고 합니다. long은 보통은 '길다'라는 형용사이지만 이 경우에는 '길이가 …인'이라는 의미로 '저 산은 높이가 3000미터이다.'는

That mountain is 3000 meters high.

가 됩니다. high는 '높은'이라는 의미의 형용사이지만 이 경우에는 '높이가 …인'이라는 의미가 됩니다.

'이 강은 폭이 200미터이다.'는

This river is 200 meters wide.

가 됩니다. river는 '강', wide는 보통은 '폭이 넓은'이라는 의미이지만 여기에서는 '폭이 …인'이라는 의미입니다.

일반적으로 '~은 얼마나 …입니까?'는

How + 형용사 + be + 주어

라는 형식으로 합니다.

(예) **How old are you?** 당신은 몇 살입니까?
- I'm thirteen years old. 13살입니다.

How tall is Tom? 톰은 키가 얼마입니까?
- He's 170 centimeters tall. 170센티미터입니다.

How long is that pencil? 그 연필은 길이가 얼마입니까?

- It's fifteen centimeters long.	15센티미터입니다.
How high is that mountain?	저 산은 높이가 얼마입니까?
- It's 3,000 meters high.	3000미터입니다.
How wide is this river?	이 강은 폭이 얼마입니까?
- It's 200 meters wide.	200미터입니다.

이렇게 보면 이제 이런 종류의 표현은 확실히 알 수 있을 것입니다. 재미있는 것은 이 같은 표현은 **old**(늙은) - **young**(젊은), **tall**(키가 큰) - **short**(키가 작은), **long**(긴) - **short**(짧은) 등 서로 반대인 형용사 중에서 보통 **old**, **tall**, **long** 등 정도가 큰 것을 사용한다는 것입니다. 그러나 **I'm … years old.** 또는 **How old are you?**의 **old**는 '늙은' 이라는 의미는 없고 '나이가 …살인' 이라는 중립적인 의미가 되는 것입니다. 그러면

How young are you?

는 틀린 것이 아니라 특별한 상황에서는 쓸 수 있습니다. 예를 들면 상대방이 어리다는 것은 알고 있지만 얼마나 어린지 확실히 알 수 없는 경우에 '당신이 어리다는 것은 알고 있지만, 도대체 얼마나 어립니까?' 라는 의미의 질문이 되는 것입니다. 그러나 이러한 상황은 드물므로 보통은 사용되지 않습니다. 또한 크기, 길이 등을 알 수 없는 경우에는 **How big[large] …?**이나 **How long …?**으로 하고 작음 또는 짧음 등은 알고 있지만 그 정도를 모를 경우에만 **How small …? / How short …?**를 씁니다.

또한 자신이 어리다고 해서

I'm thirteen years young.

은 농담인 경우를 제외하고는 사용하지 않습니다.

Point 5 형용사를 이용한 비교 표현

둘을 비교해서 **'A는 B보다 …이다'** 는 형용사의 비교급을 사용하며 비교급은 보통 형용사에 [*ər*]이라는 음을 붙이고 쓸 때에는 **-er**을 붙여서 만듭니다.

old는 **older**[ouldər], **young**은 **younger**[jʌ́ŋgər], **tall**은 **taller**[tɔ:lər], **short**는 **shorter** [ʃɔ:rtər]가 비교급입니다. 그런데 **beautiful**(아름다운)과 같은 긴 형용사는 형용사 앞에 **more** [mɔ:r]를 붙여서 **more beautiful**이 비교급이 됩니다. **-er**을 붙이는 비교급은 만들 때에 발음과 철자는 다음의 네 가지 점에 주의할 필요가 있습니다.

(1) **young**[jʌŋ]과 같이 [ŋ]로 끝나는 형용사는 **-er**을 붙이면 [jʌ́ŋgər]와 같이 [g]라는 음이 들어갑니다. **long**[lɔ:ŋ](긴)도 비교급은 **longer**[lɔ:ŋər]가 됩니다.

smaller **slower** **cheaper**

(2) **big**과 같이 스펠링이 〈단모음 + 자음글자〉인 형용사는 **-er**을 붙일 때에 자음글자를 중복시켜서 **bigger**로 합니다.

fatter **thinner** **hotter**

(3) **pretty**(예쁜, 귀여운), **busy**(바쁜), **happy**(행복한)와 같이 〈자음글자 + **y**〉로 끝나는 형용사는 **-er**을 붙이는 경우 **-y**를 **-i**로 바꾸고 **-er**을 붙입니다.

heavier **happier** **prettier**

(4) **large**와 같이 **-e**로 끝나는 형용사는 **larger**로 **-e**를 생략하고 **-er**을 붙여 비교급을 만듭니다.

wiser **nicer** **cuter**

또한 비교표현은 형용사 비교급과 '…보다' 라는 **than**[ðæn]을 써서

You are older than I am. 당신은 나보다 나이가 많다.

와 같이 말합니다. **than** 뒤는 주어와 **be**동사가 와도 되고,

You are older than I.

와 같이 **be**동사를 생략해도 됩니다. 이 표현은 비교의 중심이 되는 말에 강한 강세를 두고 말합니다. 위의 예문에서는 **you**와 **I**를 비교하고 있는 것이므

로 You, older, I에 강세가 놓입니다. 다른 예를 들어 봅시다.

(예) **Chul-soo is older than Jin-woo (is).**
철수는 진우보다 나이가 많다.

I'm taller than you (are).
나는 당신보다 키가 크다.

Canada is bigger than the United States (is).
캐나다는 미국보다 크다.

The red tulips are more beautiful than the yellow ones.
빨간 튤립은 노란 튤립보다 예쁘다.

위의 예문 중 첫 3개를 반대로 말하면 다음과 같습니다.

Jin-woo is younger than Chul-soo
진우는 철수보다 나이가 적다.

You are shorter than I am.
당신은 나보다 키가 작다.

The United States is smaller than Canada is.
미국은 캐나다보다 작다.

'…살 나이가 많다[적다].' 또는 '훨씬 크다, 약간 작다' 와 같이 비교급에 의미를 더하는 말은 비교급 앞에 옵니다. '약간' 은 little, '훨씬' 은 much를 사용합니다.

(예) **I'm two years older than you.**
나는 당신보다 2살 많다.

He's five centimeters taller than I.
그는 나보다 5센티미터 키가 크다.

Canada is a little bigger than the United States.
캐나다는 미국보다 약간 크다.

Korea is much smaller than the United States.
한국은 미국보다 훨씬 작다.

Your suitcase is a little heavier than mine.

당신 가방이 제 것보다 약간 무겁네요.

비교급 앞에는 **very** 대신 다음과 같은 말로 수식합니다.

- 훨씬 ~하다 **- much, still, far, a lot**
- 심지어 ~보다도 …한 **- even**
- 약간 ~하다 **- a bit, a little, slightly**

'당신은 나보다 얼마나 나이가 많습니까?' 는 의문사를 씁니다. 우선 원문으로 **You are two years older than I** (am).(당신은 나보다 2살 많다.)라는 평서문을 생각해 봅시다. 이 문장을 보통의문문으로 하면 **Are you two years older than I?**가 되며 **two years**를 **how many years**라는 의문사를 포함하는 말로 바꿉니다. 그런데 이 말은 **than I**와는 의미상 연결되어 있어서 끊을 수 없으므로 **how many years older than I**를 전부 문장 첫머리로 냅니다. 그렇게 하면

How many years older than I are you?
당신은 나보다 얼마나 나이가 많습니까?

가 됩니다.

대답은

I'm two years older than you (are).
로 합니다. 따라서

'그는 당신보다 얼마나 키가 큽니까?' 는

How many centimeters taller than you is he?

라는 의문문을 쉽게 만들 수 있을 것입니다.

Point 6 의문사를 이용한 비교 표현

둘을 비교해서 'A와 B 중 어느 것이 보다 …입니까?' 라는 의문문은 사람은 **who**, 사물은 **which**라는 의문사를 사용해서

Who is + 비교급, A or B? / Which is + 비교급, A or B?

로 합니다.

대답은

A is + 비교급 + than B.

입니다.

(예) **Who's taller, Betty or I?**
베티와 나 중에서 누가 키가 더 크죠?

- Betty is a little taller than you.
베티가 좀 커요.

Which is bigger, the United States or Canada?
미국과 캐나다 중에서 어느 쪽이 큽니까?

- Canada is bigger than the United States.
캐나다가 미국보다 큽니다.

사람에게는 which를 사용할 수도 있지만 사물에는 who를 사용할 수는 없습니다.

의문문의 인토네이션에 주의합시다.

Who's taller, Betty or I?

와 같이 who's taller 또는 which is bigger 위치에서 일단 내리고 A or B의 A에서는 올렸다가 or B에서는 내립니다. 표기할 때에는 who's taller 또는 which is bigger 뒤에 콤마를 찍습니다. 또한 이 질문은 A or B 부분을 주위의 상황으로 알 수 있을 때에는 Who's taller? Which is bigger?라고만 하고 뒤는 생략할 수도 있습니다. 대답도

Betty is taller.

라고 뒤의 than you are를 생략할 수도 있습니다. 대답문에서는 대답의 중심이 되는 말에 강한 강세를 둡니다. 'A와 B 중에 어느 쪽이 보다 …입니

까?' 의 대답인 'A입니다' 는 당연히 'A' 든지 'B' 에 강세를 두고 말해야 합니다.

Point 7 형용사의 최상급

'~중에서 가장 …다' 는 형용사의 최상급을 사용하며 형용사의 최상급은 보통 형용사에 [-ist]를 붙이고 표기할 때는 **-est**를 붙여서 만듭니다. **old**는 **oldest**[ouldiest], **young**은 **youngest**[jʌ́ŋgist], **tall**은 **tallest**[tɔ:list], **short**는 **shortest**[ʃɔ:rtist]가 최상급입니다. **beautiful**과 같은 긴 형용사로 **more**를 붙여서 비교급을 만드는 형용사는 **most beautiful**과 같이 **most**를 붙여서 최상급을 만듭니다.

-est를 붙이는 최상급의 발음과 철자에 주의합시다.

(1) **young**[jʌ́ŋ]과 같이 [ŋ]로 끝나는 형용사는 **youngest**[jʌ́ŋgist]와 같이 [g]음이 들어갑니다.

smallest **slowest** **cheapest**

(2) **big**과 같이 〈단모음 + 자음글자〉로 끝나는 형용사는 **-est**를 붙일 때에 마지막 자음글자를 중복해서 **biggest**가 됩니다.

fattest **thinnest** **hottest**

(3) **pretty, busy, happy**와 같이 〈자음글자 + **y**〉로 끝나는 형용사는 **-est**를 붙이는 경우 **-y**를 **-i**로 바꾸고 **-est**를 붙입니다.

heaviest **happiest** **prettiest**

(4) **large**와 같이 **-e**로 끝나는 형용사는 **largest**로 **-e**를 생략하고 **-est**를 붙입니다.

wisest **nicest** **cutest**

'당신은 … 사람 중에 가장 나이가 많다.' 의 '가장 …인' 은 형용사 최상급 외에 '…중에서' 에 해당하는 **of** 또는 **in**을 사용합니다. 최상급에는 반드시 **the**

를 붙여

You are the oldest of the three. 당신은 세 사람 중에 나이가 가장 많다.

로 합니다. 위의 예문에서 the는 oldest라는 모음으로 시작되는 말 앞에 있으므로 [ði]로 발음합니다. the oldest 다음에 boy, girl이라는 명사를 넣지만 최상급 다음의 명사는 흔히 생략됩니다. 그러므로 〈the + 최상급〉은 전후의 관계에 따라 '가장 …인 사람, 가장 …인 것'이 됩니다. of 다음에는 the three(3사람), the five(5사람), all(모두)과 같은 확실한 수가 옵니다. 만일 '철수는 우리 반에서 가장 키가 크다.'와 같이 확실한 수가 아니고 our class(우리 반), our school(우리 학교), Korea(한국), the world(세계)와 같은 막연한 그룹이나 범위의 '가장 …'은 of 대신에 in을 사용합니다. 따라서 '철수는 우리 반에서 키가 가장 크다.'는 Chul-soo is the tallest boy in our school.이라고 합니다.

(예) **Tom is the oldest of the six.**
톰은 6명 중에 나이가 가장 많다.

Paul is the youngest of the three.
폴은 셋 중에 가장 어리다.

Sun-hee is the tallest girl in our class.
선희는 우리 반에서 키가 가장 크다.

That is the tallest building in Korea.
저것은 한국에서 가장 큰 건물이다.

The red tulips are the most beautiful of all.
빨간 튤립은 모든 것 가운데서 가장 예쁘다.

최상급은 그 앞에 the second(또는 the next), the third 등의 말을 붙여서 '2번째로 …, 3번째로'라고 할 수가 있습니다.

(예) **He is the second tallest in our class.**
그는 우리 반에서 2번째로 키가 크다.

I'm the third tallest.
나는 3번째로 키가 크다.

the fourth, the fifth …로 계속 말할 수 있지만 실제로 그렇게까지 말하는 경우는 드뭅니다. 또한 전후관계로 '…중에서'를 확실히 알 수 있는 경우에는 of …, in …을 생략할 수도 있습니다.

'누가 나이가 제일 많습니까?'는 who라는 의문사를 사용해서

Who is the oldest of the three?

라고 합니다. 의문사가 주어이므로 어순은 평서문과 같습니다. 대답은

Tomis (the oldest of the three.)

가 됩니다. ( ) 속은 보통 생략되며 간단히 Tom.이라고 대답하기도 합니다.

사물에 관해 '어느 것이 가장 …입니까?'는 which를 사용합니다.

(예) **Which tulips are the most beautiful of all?**
어느 튤립이 가장 예쁩니까?

- The red ones are the most beautiful of all.
빨간 것입니다.

비교급·최상급에 대해 old, tall, big과 같은 형용사 원래 형태를 원급이라 하며 원급·비교급·최상급의 형용사의 변화를 **형용사의 비교변화**라고 합니다.

원급	비교급	최상급
old	older	oldest
young	younger	youngest
tall	taller	tallest
short	shorter	shortest
big	bigger	biggest
small	smaller	smallest
beautiful	more beautiful	most beautiful

Review

Point 8 원급 표현

'A와 B는 같다.' 라는 말은 앞으로 배우게 될 것이지만 Part 9 - Unit 4에

Betty and you are about the same height.
베티와 당신의 키는 비슷하다.

가 나왔습니다. 이 말은 좀 더 폭넓게 이용할 수 있습니다. height는 high(높은)라는 형용사의 명사형으로 height는 키의 크기에 사용하며 나이에는 age, 크기에는 size를 씁니다. about은 '대략, 약' 이라는 의미이며 same은 '같은' 이라는 형용사로 정관사 the를 붙여서 사용합니다.

(예) **You and I are the same age.**
당신과 나는 나이가 같다.

Your radio and mine are about the same size.
당신 라디오와 내 것은 크기가 비슷하다.

Point 9 You are older than I (am).의 의미

I'm thirteen years old.의 old는 '나이가 …살인' 이라는 의미이지 '늙은' 이라는 의미가 아니라는 것을 설명했습니다. 이것은 You are older than I. 또는 You are oldest of the three.에서도 같습니다.

You are old.

는 '당신은 나이가 들었습니다, 당신은 노인입니다.' 라는 의미이지만,

You are older than I.

라고 비교급으로 하면 '당신은 나보다 나이가 많다.' 라는 것으로 '당신은 나보다 늙었다.' 라는 의미는 없습니다.

Tom is the oldest of the three.

도 '톰이 셋 중에서 가장 늙었다.' 라는 의미는 없습니다. 이 점을 오해하지 않도록 주의합시다.

Part 10

형용사를 이용한 비교 표현_2

Unit 01

학습일

A is as ~ as B [A는 B만큼 ~이다]

You are as tall as Mike.

당신은 마이크와 키가 같군요.

STEP 1 여러 번 듣고 소리내어 반복해서 읽어보세요.

A **Who's taller, you or Mike?**
후즈 톨러, 유 오어 마이크

B **I don't know. How tall is he?**
아이 돈ㅌ 노우. 하우 톨 이즈 히

A **165 centimeters.**
원 헌드렛 식스티 파이브 센티미털즈

B **I'm 165 centimeters, too.**
아임 원 헌드렛 식스티 파이브 센티미털즈, 투

A **Then you are as tall as Mike.**
덴 유 알 애즈 톨 애즈 마이크

B **Yes. He and I are the same height.**
예스. 히 앤 아이 알 더 쎄임 하잇ㅌ

A 당신과 마이크 중에 누가 키가 큰가요?
B 모르겠는데요. 마이크는 키가 얼마죠?
A 165센티미터요.
B 저도 165센티미터예요.
A 그러면 당신은 마이크와 키가 같군요.
B 맞아요. 그와 나는 키가 같아요.

as … **as** …만큼, …정도 **same** [seim] 같은

STEP 2 이것만은 꼭 알아두세요.

Who's taller, you or Mike?

> 선택의문문으로 둘 중에 누가 키가 큰 지를 묻고 있습니다. you에서 올리고 Mike에서 내려서 말합니다.

Then you are as tall as Mike.

> 이것은 A is as ~ as B.의 패턴으로 'A는 B만큼 ~이다'의 뜻입니다. 즉, 둘(사람·사물)을 비교해서 정도가 같다는 것을 나타냅니다.

(예) Tom is **as old as** Bill.
톰은 빌만큼 나이가 들었다.

The red tulips are **as beautiful as** the yellow ones.
빨간 튤립은 노란 튤립만큼 예쁘다.

Yes.

> 이 **yes**는 상대방이 말한 것에 대해 '그래, 맞아' 라고 맞장구 치는 것입니다.

He and I are the same height.

> He is as tall as I.와 같은 내용입니다.

STEP 3 실전 말하기 훈련

주어진 조건에 맞게 〈문형연습〉을 해봅시다.

I'm as tall as Mike.

1. Are you?
2. Yes
3. Are you taller?
4. No
5. the same height?
6. Yes ... as tall as

Unit 02

학습일

A is not as ~ as B [A는 B만큼 ~않다]

He's not as old as Mr. Brown.

그는 브라운 씨만큼 나이가 들지 않았습니다.

STEP 1 여러 번 듣고 소리내어 반복해서 읽어보세요.

A **How old is Mr. Brown?**
하우 오울드 이즈 미스 브라운

B **He's thirty-five.**
히즈 써티 파이브

A **Is Mr. Smith about the same age?**
이즈 미스터 스미스 어바웃 더 쎄임 에이쥐

B **No. He's not as old as Mr. Brown.**
노우. 히즈 낫 애즈 오울드 애즈 미스터 브라운

He's only thirty.
히즈 오운리 썰티

A **Oh, he's still young, then.**
오, 히즈 스틸 영, 댄

A 브라운 씨는 몇 살이죠?
B 35살이에요.
A 스미스 씨도 같은 나이예요?
B 아뇨. 그는 브라운 씨만큼 나이가 들지 않았습니다.
그는 30살이에요.
A 아, 그럼 그는 아직 젊군요.

Brown [braun] 브라운〈성〉 **age** [eidʒ] 나이

STEP 2 이것만은 꼭 알아두세요.

Is Mr. Smith about the same age?

> the same age(같은 나이)란 Mr. Brown과 같은 나이라는 것을 나타냅니다.

He's not as old as Mr. Brown.

> A is not as ~ as B.는 'A는 B만큼 ~않다' 뜻으로 이 문장은 비교급을 사용해서 내용적으로 같은 문장을 만들 수 있습니다.

He's not as old as Mr. Brown. = He's younger than Mr. Brown.

> not as ~ as 대신에 not so ~ as를 사용할 수도 있습니다.

He	is		as old as	Mr. Brown	.
He	is	not	as old as	Mr. Brown	.

He's only thirty.

> 여기서 '그는 단지 30살이다.'는 '그는 아직 30살의 젊은이다'라는 의미가 포함되어 있습니다.

STEP 3 실전 말하기 훈련

보기와 같이 바꾸어 봅시다.

| 보기 |

Mr. Smith is as old as Mr. Brown.

a. (not) Mr. Smith is not as old as Mr. Brown.
b. (younger) Mr. Smith is younger than Mr. Brown.

1. Tom is as tall as Alice. a. not b. shorter
2. My dog is as big as yours. a. not b. smaller
3. My pencil is as long as yours. a. not b. shorter

Unit 03

학습일

good의 비교급과 최상급

This one is better than the other two. 이것이 나머지 둘보다 더 좋네요.

STEP 1 여러 번 듣고 소리내어 반복해서 읽어보세요.

A **Miss Green, here are three different plans**
미스 그린, 히어라 쓰리 디퍼런트 플랜즈
for our class party. Which is best one?
풔 아우어 클래스 파티. 위치즈 베슷 원

B **Let me see. This is a good plan, Mike.**
렛 미 씨. 디씨저 굿 플랜, 마이크

A **That's Emily's. Here's mine.**
댓츠 에밀리즈. 히얼즈 마인

B **Hmm. Yours is better than Emily's.**
흠. 유얼즈 이즈 베터 댄 에밀리즈

A **This is George's.**
디씨즈 죠지즈

B **This one is better than the other two.**
디스 원 이즈 베터 댄 디 아더 투
Yes, George's plan is the best of the three.
예스, 죠지즈 플랜 이즈 더 베슷 옵 더 쓰리

A 그린 선생님, 우리 반 파티를 위한 세 가지 계획입니다.
어느 것이 가장 좋은가요?

B 어디 보자. 이것은 좋은 계획이네요, 마이크.

A 그것은 에밀리 것이에요. 이것이 제 계획입니다.

B 음. 당신의 것이 에밀리 것보다 좋군요.

A 이것은 조지의 계획입니다.

B 이것이 나머지 둘보다 더 좋네요.
그래요, 조지의 계획이 셋 중에 가장 좋아요.

here are … 여기에 …가 있다 **different** [dífərənt] 다른, 상이한 **plan** [plæn] 계획, 안 **best** [best] 가장 좋은〈good의 최상급〉 **Let me see** 글쎄요, 어디 봅시다 **Here's** … 여기에 …가 있다〈Here is의 단축형〉 **hmm** [hm] 음 **better** [bétər] …보다 좋은〈good의 비교급〉

STEP 2 이것만은 꼭 알아두세요.

Miss Green, here are three different plans for our class party.

> Here are …는 '여기에 …들이 있다'의 뜻으로, …의 위치에 복수명사가 옵니다. 다른 사람에게 물건을 내밀거나 보여주거나 할 때 흔히 씁니다. (cf. Here's …)

Which is the best one?

> best는 good의 최상급으로 다른 형용사와는 달리 비교변화가 불규칙합니다.

Here's mine.

> Here's …는 '여기에 …가 있다'로 …의 위치에 단수명사가 옵니다.
mine = my plan

Yours is better than Emily's.

> better는 good의 비교급입니다.

원급	비교급	최상급
good	better	best

Yes, George's plan is the best of the three.

> the best of the three는 '셋 중에서 가장 좋은'의 뜻입니다.

STEP 3 실전 말하기 훈련

주어진 조건에 맞게 〈문형연습〉을 해봅시다.

George's plan is good.

1. Is George's plan?
2. Yes
3. better than yours?
4. Yes
5. the best of the three?
6. Yes

Unit 04

학습일

bad의 비교급과 최상급

That's my worst subject.

그게 성적이 가장 나쁜 과목입니다.

STEP 1 여러 번 듣고 소리내어 반복해서 읽어보세요.

A **Are you good at English?**
알 유 굿 앳 잉글리쉬

B **Well, I study it very hard. But I always get a B.**
웰, 아이 스터딧 베리 하드. 벗 아이 올웨이즈 게러 비

A **How about Korean?**
하우 어바웃 코리언

B **I'm worse at it than at English.**
아임 월스 앳 잇 댄 앳 잉글리쉬

A **How about math?**
하우 어바웃 매스

B **That's my worst subject.**
댓츠 마이 월스트 서브젝

A 당신은 영어를 잘하나요?
B 글쎄요, 열심히 공부는 하는데, 항상 B만 받아요.
A 국어는 어때요?
B 국어는 영어보다 더 나빠요.
A 수학은 어때요?
B 그게 성적이 가장 나쁜 과목입니다.

get [get] 취하다, 얻다 **worse** [wəːrs] …보다 나쁜〈bad의 비교급〉 **worst** [wəːrst] 가장 나쁜〈bad의 최상급〉

STEP 2 이것만은 꼭 알아두세요.

Are you good at English?

> be good at …은 '…에 능숙하다, 잘하다' 의 뜻입니다.

But I always get a B.

> always는 일반동사 앞이나 be동사나 조동사 뒤에 위치합니다.

> 성적 평가는 미국에서는 좋은 순서로 A, B, C, D를 붙입니다.

I'm worse at it than at English.

> worse는 bad의 비교급으로 비교변화가 불규칙합니다.

> be bad at …은 be good at …의 반대로 '…에 서툴다' 의 뜻으로 여기에서는 비교급을 사용했습니다.

> than at English는 than (I am bad) at English의 (   ) 속이 생략됐습니다.

That's my worst subject.

> worst는 bad의 최상급입니다.

원급	비교급	최상급
bad	worse	worst

> my, your 등이 붙을 때에는 최상급에 the를 붙이지 않습니다.

STEP 3 실전 말하기 훈련

주어진 조건에 맞게 〈문형연습〉을 해봅시다.

I'm worse at Korean than at English.

1. Are you?

2. Yes

3. better?

4. No ... worse

Unit 05

학습일

I like ~ best [~을(를) 가장 좋아해]

I like history best.

나는 역사를 가장 좋아해요.

STEP 1 여러 번 듣고 소리내어 반복해서 읽어보세요.

A **What subjects do you like?**
왓 서브젝츠 두 유 라잌

B **I like math and science.**
아이 라잌 매스 앤 사이언스

A **Which do you like better, math or science?**
위치 두 유 라익 베터, 매스 오어 사이언스

B **I like math better.**
아이 라익 매스 베터

Which subject do you like best?
위치 서브젝츠 두 유 라잌 베슷

A **I like history best.**
아이 라잌 히스터리 베슷

A 어느 과목을 좋아하나요?
B 수학과 과학을 좋아해요.
A 수학과 과학 중에 어느 과목을 좋아하죠?
B 수학을 더 좋아해요.
당신은 어느 과목을 가장 좋아하나요?
A 나는 역사를 가장 좋아해요.

subject [sʌ́bdʒikt] 과목 **history** [hístəri] 역사

STEP 2 이것만은 꼭 알아두세요.

Which do you like better, math or science?

> Which do you like better, A or B?는 선택의문문으로 'A와 B 중에서 어느 것을 좋아합니까?' 라는 뜻입니다.

> 억양에 주의해서 math에서 올리고 science에서 내립니다.

I like math better.

> I like math better (than science).의 ( ) 속의 부분이 생략되었습니다.

Which subject do you like best

> Which … do you like best?는 '어느 …를 가장 좋아합니까?' 의 뜻입니다.

> best에는 the를 붙이지 않는 것이 보통입니다.

I like history best.

> I like … best는 '나는 …를 가장 좋아한다' 라는 뜻의 패턴입니다.

> I like history best (of all my subjects.)의 ( ) 속의 부분이 생략된 것으로 Which … do you like best?의 대답은 of 이하를 생략하는 것이 보통입니다.

> '나는 …중에서 ~를 가장 좋아한다' 는 I like ~ best of all the …라고 합니다.

STEP 3 실전 말하기 훈련

주어진 조건에 맞게 〈문형연습〉을 해봅시다.

I like history.

1. Do you?
2. Yes
3. better than English?
4. Yes
5. best of all your subjects?
6. Yes

Unit 06

학습일

well의 비교급과 최상급

She speaks English best.

그녀가 영어를 가장 잘합니다.

STEP 1 여러 번 듣고 소리내어 반복해서 읽어보세요.

A **You speak English very well.**
유 스픽 잉글리쉬 베리 웰

B **Thank you. But Sun-hee speaks it better than I do.**
땡큐. 벗 선희 스픽스 잇 베터 댄 아이 두

A **Really? Is she your classmate?**
리얼리? 이즈 쉬 유얼 클래스메잇

B **Yes. She speaks English best.**
예스. 쉬 스픽스 잉글리쉬 베슷

She is the best speaker of English in my class.
쉬 이즈 더 베슷 스피커 옵 잉글리쉬 인 마이 클래스

A 당신은 영어를 아주 잘하는군요.
B 고마워요. 그런데 선희가 저보다 더 잘해요.
A 그래요? 그녀는 당신과 같은 반인가요?
B 네. 그녀가 영어를 가장 잘합니다.
우리 반에서 선희가 영어를 가장 잘해요.

classmate [klǽsmèit] 동급생 **speaker** [spíːkər] 말하는 사람

STEP 2 이것만은 꼭 알아두세요.

Thank you.

> '…를 잘하는 구나' 의 칭찬에 우리는 '천만에요, 별것 아니예요' 라고 대답하는 경우가 많아 곧바로 **Oh, no.** 등으로 말해 버리는 경우가 있는데 영어에서는 반드시 Thank you.라고 대답합니다.

But Sun-hee speaks it better than I do.

> better than I do는 better than I speak it의 speak it을 do로 한 것입니다.

> better는 well의 비교급으로 '더 잘한다, 보다 능숙하다' 의 뜻입니다.

> better than I do에서는 I를 do 보다 강하게 말합니다.

She speaks English best.

> '그녀가 영어를 가장 잘한다.' 라는 뜻으로 여기서의 best는 well의 최상급으로 '가장 잘' 이라는 의미입니다.

She is the best speaker of English in my class.

> 앞의 She speaks English best.와 같지만 '~중에서 가장 …이다' 와 같이 '…중에서' 를 말할 때에는 이렇게 합니다.

> best는 good의 최상급입니다.

STEP 3 실전 말하기 훈련

주어진 조건에 맞게 〈문형연습〉을 해봅시다.

Sun-hee speaks English very well.

1. Does Sun-hee?
2. Yes
3. better than you do?
4. Yes
5. Who ... best?
6. Sun-hee

Point 1 A는 B만큼 …이다

비교는 'A는 B보다 …이다' 또는 '가장 …이다' 만 있는 게 아니고 'A는 B만큼 …이다' 도 정도가 같음을 나타내는 비교 표현입니다. 앞 Part에서 You and I are about the same height.라는 표현을 배웠습니다. 이 표현도 자주 사용하는 것으로 여러 가지로 응용할 수 있지만 이 Part에서는 as … as를 이용해서 A is as … as B로 …위치에 형용사의 원급(old, tall)을 넣는 표현을 공부했습니다.

(예) **You are as tall as Mike.**
당신은 마이크만큼 키가 크다.
Tom is as old as John.
톰은 존만큼 나이가 들었다.
The red tulips are as beautiful as the yellow ones.
빨간 튤립은 노란 튤립만큼 예쁘다.

이 표현이 A and B are the same …보다 폭넓게 사용됩니다. A and B are the same …은 나이 · 키 · 크기 등 수치로 나타낼 수 있는 것을 비교하는 경우에만 쓰이지만, as … as는 형용사를 사용해서 어떤 것이든 정도가 같다는 것을 나타낼 수가 있는 것입니다. 또한 as … as에 사용하는 형용사도 다른 비교와 마찬가지로 old는 '나이가 …인', tall은 '키가 …인' 이라는 중립적인 의미를 나타냅니다. 따라서 Tom is as old as John.은 둘 다 키가 크다는 것이 아니고 단지 키가 같다는 것을 나타내고 있는 것입니다.

의문문은 주어와 be동사를 바꾸어서

Are you as tall as Mike?

로 하면 됩니다. 대답은

Yes, I am.
No, I'm not.

으로 합니다.

'누가 마이크와 키가 같습니까?' 는

Who is as tall as Mike?

라고 하며 대답은 yes, no를 붙이지 않고

I am (as tall as Mike).

로 합니다. ( ) 속은 생략하는 것이 보통이며 '누가' 라고 묻고 있기 때문에 대답에는 I에 강세가 있습니다.

Point 2 A는 B만큼 …않다

as … as를 부정해서 A is not as … as B로 하면 'A는 B만큼 …않다' 가 됩니다. …위치에서는 형용사의 원급을 넣습니다.

(예) **Mr. Smith is not as old as Mr. Brown.**
스미스 씨는 브라운 씨만큼 나이가 들지 않았다.

I'm not as tall as you.
나는 당신만큼 키가 크지 않다.

The white tulips are not as beautiful as the red ones.
하얀 튤립은 빨간 튤립만큼 예쁘지 않다.

not as … as의 첫 as를 so로 해서,

Mr. Smith is not so old as Mr. Brown.

이라고 not so … as를 사용해도 의미는 같지만 not as … as가 회화에서는 일반적입니다.

이 비교표현은 다른 표현으로 바꿀 수가 있습니다. 위의 처음 두 문장을 다른 표현으로 바꾸면

(예) **Mr. Smith is younger than Mr. Brown.**
스미스 씨는 브라운 씨보다 나이가 어리다.

I'm shorter than you.
나는 당신보다 키가 작다.

로 됩니다. 그러나 같은 의미는 아니고 뉘앙스가 달라집니다. **A is not as old as B**는 'A는 B 만큼 …않다' 라는 소극적인 느낌이 있지만 **A is younger than B**는 'A는 B 보다 나이가 적다' 라는 확실한 말이 됩니다. 말이라는 것은 이와 같이 내용은 바뀌지 않더라고 표현이 바뀌면 의미가 다소 달라질 수 있습니다. 그러면 좀 더 예를 들어볼까요?

(예) **Korea is not as big as the United States.**
= Korea is smaller than the United States.
한국은 미국 만큼 크지 않다[미국보다 작다].

My hair is not as long as yours.
= My hair is shorter than yours.
내 머리는 당신 만큼 길지 않다[당신보다 짧다].

Point 3 불규칙 비교변화

지금까지 배운 형용사의 비교변화는 **old, older, oldest**와 같이 원급에 **-er, -est**를 붙여서 비교급 · 최상급을 만드는 것과 **beautiful, more beautiful, most beautiful**과 같이 **more, most**를 붙여서 비교급·최상급을 만드는 것으로 모두 규칙적이었습니다. 그런데 **good**(좋은)과 **bad**(나쁜)는 비교변화가 불규칙합니다.

원급	비교급	최상급
good	better [betə*r*]	best [best]
bad	worse [wə:*r*s]	worst [wə:*r*st]
many	more [mɔ:*r*]	most [moust]
far	farther [fá:*r*ðə*r*]	farthest [fá:*r*ðis]
little	less [les]	least [li:st]

원급·비교급·최상급이 다른 형태이므로 그대로 외워야 합니다.

(예) **Your plan is better than Emily's.**
당신 계획은 에밀리 것보다 좋다.

This one is better than the other two.
이것은 다른 두 개보다 좋다.

This is the best of the three.
이것은 셋 중에서 가장 좋다.

I'm worse at Korean than at English.
나는 영어보다 국어가 성적이 나쁘다.

Math is my worst subject.
수학은 성적이 가장 나쁜 과목이다.

위의 예 중에서 두 번째와 세 번째 문장은 내용적으로는 같습니다. 두 번째 문장은 '다른 두 개보다 좋다' 라고 하고 있고 그것은 세 번째 문장의 '셋 가운데 가장 좋다' 라는 것과 같습니다. 이와 같이 비교급 문장과 최상급 문장의 변환이 가능한 경우가 있습니다.

또한 마지막 문장은 최상급인데 the가 붙어 있지 않은 것은 your, my 등 소유격이 붙어있기 때문입니다.

'…가 ~보다 좋다 / …가 가장 좋다'

'…가 ~보다 좋다' 는 like … better than ~, '…가 가장 좋다' 는 like … best를 사용합니다.

(예) **I like math better than science.**
나는 과학보다 수학을 좋아한다.

I like history best of all my subjects.
나는 모든 과목 중에서 역사를 가장 좋아한다.

'당신은 A와 B 중 어느 것을 더 좋아합니까?' 는 which라는 의문사를 사용해서 Which do you like better, math or science?(당신은 수학과 과학 중에 어느 것을 더 좋아합니까?)와 같이 Which do you like better, A or B?를 사용합니다. 이것은 앞에서 배운 Who is (비교급), or B? 또는 Which is (비교급), A or B?와 같아서 인토네이션도 같습니다. 즉, Which do you like better에서 일단 내렸다가 A에서 올리고 or B에서 내려서 말하며 표기할 경우에는 which do you like better 다음에 콤마를 찍습니다.

대답은 yes, no를 붙이지 않고

I like math better (than science).
수학을 더 좋아합니다.

라고 합니다.

'당신은 어느 과목을 가장 좋아합니까?' 는 which를 사용해서

Which subject do you like best (of all your subjects)?

라고 하며 대답은

I like history best (of all my subjects).
역사를 가장 좋아합니다.

라고 합니다. ( ) 부분은 알 수 있는 경우에는 생략하는 것이 보통입니다.

Point 4 well의 비교급과 최상급

'능숙히, 잘' 이라는 의미의 well은 비교급은 better '더 능숙히', 최상급은 best '가장 능숙히' 입니다. 이것은 good의 비교급·최상급과 같습니다. 즉, good과 well은 비교급·최상급이 better, best입니다.

원급	비교급	최상급
good / well	better	best

사실 well은 형용사가 아니라 부사입니다. 형용사뿐만 아니라 부사에도 비교변화가 있습니다. 상세한 것은 다음 Part에서 설명하겠습니다.

'당신은 영어를 매우 잘한다.' 는

You speak English very well.이고

'당신은 나보다 영어를 매우 잘하는군요.' 는

You speak English better than I do.로 **better**를 씁니다.

문장 끝의 **do**는 생략할 수 있지만 보통 붙입니다. **You**와 **I**가 비교의 중심이므로 강하게 말합니다.

'당신은 영어를 가장 잘하는군요.' 는

You speak English best.라고 한다.

이 경우 주의할 것이 두 가지 있습니다. 하나는 최상급에서도 부사인 경우에는 정관사 **the**를 붙이지 않아도 됩니다. **the best**라고 해도 관계없지만 붙이지 않는 것이 보통으로 다른 하나는 '…중에서' 의 **of the three** 또는 **in my class**는 보통 붙이지 않습니다.

You speak English best of the three.가 틀리다고는 할 수 없지만 영어로서는 다소 어색한 표현이 됩니다. 이런 내용을 말하고 싶은 경우에는 형용사 **best**를 사용해서

You are the best speaker of English in my class.
당신은 우리 반에서 영어를 가장 잘한다.

가 됩니다.

학원을 이기는

독학 영어 첫걸음

Part

11

부사를 이용한 비교 표현

Unit 01

학습일

fast의 비교급과 최상급

John can skate fastest.

존이 가장 빨리 스케이트를 탑니다.

STEP 1 여러 번 듣고 소리내어 반복해서 읽어보세요.

A **Are you a good skater?**
알 유 어 굿 스케이터

B **I don't know. But I can skate pretty fast.**
아이 돈ㅌ 노우. 벗 아이 캔 스케잇 프리티 패슷

A **Can you?**
캔 유

B **Yes. But Bill can skate much faster than I can.**
예스. 벗 빌 캔 스케잇 머치 패스터 댄 아이 캔

A **But John can skate fastest.**
벗 존 캔 스케잇 패스티슷

A 당신은 스케이트를 잘 타나요?
B 모르겠어요. 그러나 상당히 빨리 달릴 수 있어요.
A 그래요?
B 네. 하지만 빌이 나보다 더 빨리 타요.
A 그러나 존이 가장 빨리 스케이트를 탑니다.

skater [skéitər] 스케이트를 타는 사람 **fast** [fæst] 빠르게 **faster** [fæstər] 보다 빠르게〈fast의 비교급〉 **fastest** [fæstist] 가장 빠르게〈fast의 최상급〉

STEP 2 이것만은 꼭 알아두세요.

Are you a good skater?

> '당신은 스케이트를 잘 탑니까?' 의 뜻으로 **be a good … -er**로 '…를 잘하다' 를 나타냅니다.
(예) **He is a good baseball player.** 그는 야구를 잘한다.

I don't know.

> 정말로 모르는 것이 아니라 상대방의 질문에 정확히 대답할 수 없어서 이렇게 말한 것입니다. 긍정도 부정도 하고 싶지 않을 경우의 대답으로 **I don't know.**를 흔히 씁니다.

But Bill can skate much faster than I can.

> **faster**는 **fast** '빠르게' 의 비교급으로 형용사뿐만 아니라 부사도 비교변화를 합니다. 문장 끝의 **can**은 생략해도 관계없습니다.

> **much**가 비교급 **faster**를 수식합니다.

But John can skate fastest.

> **fastest**는 **fast**의 최상급입니다.

> 조동사 **can** 다음에는 동사원형 **skate**을 씁니다.

원급	비교급	최상급
fast	faster	fastest

> 일반적으로 부사의 최상급에는 정관사 **the**를 붙이지 않아도 됩니다.

STEP 3 실전 말하기 훈련

주어진 조건에 맞게 〈문형연습〉을 해봅시다.

Bill can skate very fast.

1. Can Bill?
2. Yes
3. much faster than you can?
4. Yes
5. Who ... fastest?
6. John

Unit 02

학습일

early의 비교급과 최상급

I get up earliest on sundays.

나는 일요일에 가장 일찍 일어납니다.

STEP 1 여러 번 듣고 소리내어 반복해서 읽어보세요.

A **What time do you get up, Chan-ho?**
왓 타임 두 유 게럽, 찬호

B **I get up at six o'clock every weekday.**
아이 게럽 앳 식스 어클락 애브리 위크데이

A **Do you get up earlier on Saturdays?**
두 유 게럽 얼리어 온 세터데이즈

B **Yes, I do. But I get up earliest on Sundays.**
예스, 아이 두. 벗 아이 게럽 얼리스트 온 선데이즈

A **Then you are a very early riser.**
덴 유 알 어 베리 얼리 라이저

A 몇 시에 일어나나요, 찬호?
B 주중에는 항상 6시에 일어나요.
A 토요일에는 더 일찍 일어나나요?
B 그래요. 그런데 일요일에 가장 일찍 일어납니다.
A 그러면 아주 일찍 일어나는군요.

every [évri] 모든 **weekday** [wí:kdèi] 주중 〈토요일 · 일요일을 제외한 날〉 **early** [ə́:rli] 시간이 이르게, 시간이 이른 **earlier** [ə́:rliər] 보다 일찍〈early의 비교급〉 **earliest** [ə́:rliest] 가장 일찍〈early의 최상급〉 **early riser** [ə́:rli ráizər] 일찍 일어나는 사람

STEP 2 이것만은 꼭 알아두세요.

Do you get up earlier on Saturdays?

> earlier는 early의 비교급. 〈자음글자 + y〉로 끝나는 말의 비교급은 y를 i로 바꾸고 -er을 붙입니다.

> 이 문장은 뒤에 than on weekdays가 생략되어 있습니다.

> early는 '시간이 이른', fast는 '속도가 빠른'의 뜻을 나타냅니다.

But I get up earliest on Sundays.

> earliest는 early의 최상급으로 y를 i로 바꾸고 -est를 붙입니다.

> '나는 한 주일 중 일요일에 가장 일찍 일어난다.'

> earliest는 부사의 최상급이므로 정관사 the를 붙이지 않아도 됩니다.

> Sunday는 고유명사이므로 항상 대문자로 쓰고 그 앞에 전치사 on이 온다는 것을 기억합시다.

Then you are a very early riser.

> You are an early riser.는 You rise early.와 같습니다.

cf. You're a good golfer. = You play golf well.
He's a fast runner. = He runs fast.
She's a good speaker of English. = She speaks English well.

STEP 3 실전 말하기 훈련

주어진 조건에 맞게 〈문형연습〉을 해봅시다.

I get up early every weekday.

1. Do you?
2. Yes
3. earlier on Saturdays?
4. Yes
5. When ... earliest?
6. on Sundays

Unit 03

학습일

hard의 비교급과 최상급

You have to study math hardest.

당신은 수학을 가장 열심히 공부해야 해요.

STEP 1 여러 번 듣고 소리내어 반복해서 읽어보세요.

A **Do you study hard, Bill?**
두 유 스터디 하드, 빌

B **Well, I don't think so, Miss Green.**
웰, 아이 돈ㅌ 씽 쏘, 미스 그린

A **Your grades are not very good.**
유얼 그레이즈 알 낫 베리 굿

You have to study harder.
유 햅투 스터디 하더

B **Yes, Miss Green.**
예스, 미스 그린

A **You have to study math hardest. O.K.?**
유 햅투 스터디 매스 하디스트 오우케이

B **O.K, Miss Green.**
오우케이, 미스 그린

A 열심히 공부하고 있나요, 빌?
B 저, 그렇지 않은데요, 그린 선생님.
A 네 성적은 그다지 좋지 않아요.
더 열심히 공부해야 해요.
B 예, 선생님.
A 수학을 가장 열심히 공부해야 해요. 알겠죠?
B 알겠습니다. 그린 선생님.

grade [greid] 학과의 성적, 평점 **harder** [hɑːrdər] 더 열심히〈hard의 비교급〉 **hardest** [hɑːrdist] 가장 열심히〈hard의 최상급〉

STEP 2 이것만은 꼭 알아두세요.

Well, I don't think so, Miss Green.

> **so**는 **I study hard.**를 말합니다. 이 문장을 그대로 번역하면 '나는 그렇게 하고 있다고 생각하지 않아요'가 되는데 영어에서는 이와 같이 문장의 앞부분을 부정해서 말합니다. 우리말은 '그렇지 않다고 생각합니다'입니다.

> 영어에서는 선생님을 **Miss Green**과 같이 이름으로 부르는 것이 일반적입니다.

Your grades are not very good.

> **not very good**은 '그다지 좋지 않다'지만 실제로는 '나쁘다'는 것을 의미합니다.

You have to study harder.

> **study**와 **hard**의 순서에 유의하며, **hard study**가 아닙니다.

> **harder**는 **hard**의 비교급으로 '지금보다 더 열심히'라는 뜻입니다.

You have to study math hardest.

> 조동사 **have to** 다음에는 동사원형인 **study**가 옵니다.

> **hardest**는 **hard**의 최상급입니다. 여기에서는 '모든 학과 중에서 가장'이라는 뜻을 나타냅니다.

STEP 3 실전 말하기 훈련

주어진 조건에 맞게 〈문형연습〉을 해봅시다.

You have to study harder.

1. Do I?
2. Yes
3. math hardest?
4. Yes
5. What ... hardest?
6. math

Unit 04

학습일

more와 most를 붙여서 비교급 · 최상급을 만드는 부사

Martha sings most beautifully.

마사가 가장 아름답게 노래합니다.

STEP 1 여러 번 듣고 소리내어 반복해서 읽어보세요.

A **Who's singing?**
후즈 씽잉

B **Mary is.**
메리 이즈

A **She's singing beautifully.**
쉬즈 씽잉 뷰터펄리

B **Yes, but Lucy sings more beautifully than she does.**
예스, 벗 루시 씽즈 모어 뷰터펄리 댄 쉬 더즈

A **Really? Martha is a good singer, too.**
리얼리? 마–싸 이저 굿 씽어, 투

B **Yes, she is. Of the three, Martha sings most beautifully.**
예스, 쉬 이즈. 옵 더 쓰리, 마–싸 씽즈 모숫 뷰터펄리

A 누가 노래를 부르고 있죠?
B 메리예요.
A 노래를 아름답게 부르는군요.
B 네, 그런데 루시가 그녀보다 노래를 더 잘 불러요.
A 그래요? 마사도 노래를 잘하죠.
B 맞아요. 셋 중에서 마사가 가장 아름답게 노래해요.

beautifully [bjúːtəfəli] 아름답게 **Lucy** [lúːsi] 루시〈여자 이름〉 **more** [mɔːr] 절 이상의 부사에 붙여 비교급을 만드는 말 **Martha** [máːrθə] 마사〈여자 이름〉 **most** [moust] 2음절 이상의 부사에 붙여 최상급을 만드는 말

STEP 2 이것만은 꼭 알아두세요.

Yes, but Lucy sings more beautifully than she does.

> **beautifully**와 같은 긴 부사(**2**음절 이상의 부사로 특히 형용사에 **-ly**를 붙여서 만드는 부사 전체)는 **more**를 붙여서 비교급을 만듭니다. 최상급을 만들 때는 **most**를 붙입니다.

> **yes**는 상대방이 말한 것에 맞장구를 치는 것입니다.

Of the three, Martha sings most beautifully.

> **of the three**는 '세 사람 중에서는'라는 뜻입니다.

> **beautifully**와 같은 긴 부사, 특히 **-ly**로 끝나는 것은 모두 **most**를 붙여서 최상급을 만듭니다.

원급	비교급	최상급
beautifully	more beautifully	most beautifully

STEP 3 실전 말하기 훈련

주어진 조건에 맞게 〈문형연습〉을 해봅시다.

Lucy sings more beautifully than Mary does.

1. Does Lucy?
2. Yes
3. Does Lucy ... most beautifully?
4. No
5. Who ... most beautifully?
6. Martha.

학습일

부사를 이용한 as ~ as 구문

He can run as fast as Tom.

그는 톰만큼 빨리 달릴 수 있습니다.

STEP 1 여러 번 듣고 소리내어 반복해서 읽어보세요.

A **Who's the fastest runner in your class?**
후즈 더 패스티슷 러너 인 유얼 클래스

B **I'm not sure. Maybe Tom.**
아임 낫 슈어. 메이비 탐

A **Can he run really fast?**
캔 히 런 리얼이 패슷

B **Yes. He runs very fast.**
예스. 히 런스 베리 패슷

A **How about John?**
하우 어바웃 존

B **Oh. He's another fast runner.**
오. 히즈 어나더 패슷 러너

He can run as fast as Tom.
히 캔 런 애즈 패슷 애즈 탐

A 당신의 반에서 누가 가장 빨리 달리나요?
B 잘 모르겠어요. 아마 톰인가.
A 그는 정말 빨리 달리나요?
B 네. 아주 빨리 달려요.
A 존은 어때요?
B 아. 존도 빨리 달려요.
그는 톰만큼 빨리 달릴 수 있어요.

runner [rʌ́nər] 달리는 사람, 주자 **maybe** [méibi] 아마 **another** [ənʌ́ðər] 또 다른 하나의 **run** [rʌ́n] 달리다

STEP 2 이것만은 꼭 알아두세요.

Maybe Tom.

> 뒤에 (is the fastest runner in our class)가 생략되었습니다.

How about John?

> How about? …은 '…은 어떻습니까?' 의 뜻입니다.

He's another fast runner.

> 이 문장은 He's fast runner, too.나 He runs fast, too.와 내용이 같습니다.
이와 같은 의미로 사용되는 another의 용법을 알아둡시다.

(예) Bill is a good golfer. Mike is **another** good golfer.
빌은 훌륭한 골퍼다. 마이크도 훌륭한 골퍼다.

He can run as fast as Tom.

> 조동사 can 다음에는 동사원형 run이 온다는 것에 유의합시다.

> as … as 사이에 부사를 넣어 A does it as … as B로 하면 'A는 B만큼 …한다' 가 됩니다.

STEP 3 실전 말하기 훈련

주어진 조건에 맞게 〈문형연습〉을 해봅시다.

John can run as fast as Tom.

1. Can John?
2. Yes
3. Can you?
4. No
5. Who?
6 . John

Review

Point 1 부사의 비교변화

부사란 동사·형용사 등을 수식하는 말입니다. 형용사뿐만 아니라 부사에도 비교변화가 있습니다. 이것은 이미 앞 Part의 후반에서 이미 접해본 적이 있습니다. **She speaks English better than I do.**(그녀는 나보다 영어를 더 잘한다.)의 **better**는 **good**의 비교급이 아니라 부사 **well**(능숙히)의 비교급입니다.

부사의 비교변화는 형용사의 경우와 같으며 **fast**, **hard** 등 비교급은 **-er**, 최상급은 **-est**를 붙여 [-ə*r*], [-ist]로 발음합니다.

예를 들면 **fast** ([속도가] 빠르게)는

원급	비교급	최상급
fast	faster [fǽstə*r*]	fastest [fǽstist]

로 변화합니다. 그러나 대부분의 부사는 형용사에 **-ly**를 붙여서 만들 수 있습니다.

예를 들면 **beautiful**에 **-ly**를 붙여서 **beautifully**(아름답게), **nice**에 **-ly**를 붙여서 **nicely**(멋지게), **slow**에 **-ly**를 붙여서 **slowly**(느리게, 늦게), **new**에 **-ly**를 붙여서 **newly**(새롭게)와 같이 됩니다.

이렇게 형용사에 **-ly**를 붙인 부사의 비교급·최상급은 전부 **more**, **most**를 붙여 **more beautifully**, **most beautifully**, **more nicely**, **most nicely**와 같이 **more**, **most**에 의해 변화합니다. 따라서 형용사와 같이 **-er**, **-est**를 붙이는 부사는 형용사가 그대로 부사로 사용되는 것으로 한정됩니다.

부사의 비교급·최상급 표현은 형용사 비교표현과 같아 어려울 것은 없습니다. 또한 부사의 최상급에는 **the**를 붙여도 되지만 붙이지 않는 것이 일반적입니다.

(예) **Bill can skate much faster than I can.**
빌은 나보다 더 빠르게 스케이트를 탄다.

Do you get up earlier on Saturdays?
당신은 토요일에는 더 일찍 일어납니까?

- Yes, I do. 예

You have to study harder. 당신은 더 열심히 공부해야 해요.

John can skate fastest. 존이 가장 빨리 스케이트를 탄다.

Of the three, Martha sings most beautifully.
셋 중에서 마사가 가장 노래를 잘한다.

부사의 최상급 표현에서는 형용사의 최상급과는 달리 John can skate fastest of the three. 또는 John can skate fastest in my class.와 같이 문장 뒤에 of나 in의 전치사구를 붙이는 것은 일반적이지 않습니다. 이런 경우에는 형용사의 최상급을 사용해서

John is the fastest skater in my class.

로 하는 것이 보통입니다. 단 위의 마지막 문장처럼 of the three(셋 중에서)가 문장 첫머리에 오는 것은 어색하지 않습니다.

Point 2 동등 비교

형용사에서와 같이 as … as를 사용하여 …위치에 부사의 원급을 넣으면 'A는 B만큼 …하다' 가 됩니다. 일반적인 문형공식은 A does it as … as B입니다.

(예) **He can run as fast as Tom.**
그는 톰만큼 빨리 달린다.

Can you skate as fast as John (can)?
당신은 존만큼 빨리 스케이트를 탈 수 있습니까?

Who studies as hard as Bill?
누가 빌만큼 열심히 공부합니까?

as … as 구문이 부정문이 되면 앞의 as가 so로 바뀔 수도 있습니다.

〈not so … as〉

(예) **Julie is as tall as Tom.** 줄리는 톰만큼 키가 크다.

Julie is not as tall as Tom. 줄리는 톰만큼 키가 크지 않다. = not so tall as

Part 1 ..... 17p

Unit 1

I like English.

1. Do you like English?
2. Yes, I do. I like it.
3. Do you like math?
4. No, I don't. I don't like it.

Unit 2

I know that tall boy.

1. Do you know that tall boy?
2. Yes, I do. I know him.
3. Do you know that tall girl?
4. No, I don't. I don't know her.

Unit 3

I study English every day.

1. Do you study English every day?
2. Yes, I do. I study it every day.
3. Do you study math every day?
4. No, I don't. I don't study it every day.
5. What do you study every day?
6. I study English every day.

Unit 4

They speak English.

1. Do they speak English?
2. Yes, they do. They speak English.
3. Do they speak Korean?
4. No, they don't. They don't speak Korean.
5. What language do they speak?
6. They speak English.

Unit 5

I usually have a hamburger for lunch.

1. Do you usually have a hamburger for lunch?
2. Yes, I do. I usually have a hamburger for lunch.
3. Do you usually have a ham sandwich for lunch?
4. No, I don't. I don't usually have a ham sandwich for lunch.
5. What do you usually have for lunch?
6. I usually have a hamburger for lunch.

Part 2 ..... 33 p

Unit 1

My sister plays the piano.

1. Does your sister play the piano?
2. Yes, she does. She plays the piano.
3. Does she play the violin?
4. No, she doesn't. She doesn't play the violin.

Unit 2

My little sister goes to elementary school.

1. Does your little sister go to elementary school?
2. Yes, she does. She goes to elementary school.
3. Does your little sister go to senior high school?
4. No, she doesn't. She doesn't go to senior high school.

Unit 3

My father plays golf.

1. Does your father play golf?
2. Yes, he does. He plays golf.
3. Does your father play baseball?
4. No, he doesn't. He doesn't play baseball.
5. What does your father play?
6. He plays golf.

Unit 4

I clean my room on Sundays.

1. Do you clean your room on Sundays?
2. Yes, I do. I clean it on Sundays.
3. Do you play golf on Sundays?
4. No, I don't. I don't play golf on Sundays.

5. What do you do on Sundays?
6. I clean my room on Sundays.

Unit 5

My father reads every night.

1. Does your father read every night?
2. Yes, he does. He reads every night.
3. Does your mother read every night?
4. No, she doesn't. She doesn't read every night.
5. Who reads every night?
6. My father reads every night.

Unit 6

Mr. Miles teaches English at our school.

1. Does Mr. Miles teach English at your school?
2. Yes, he does. He teaches English at our school.
3. Does Mr. Miles teach science at your school?
4. No, he doesn't. He doesn't teach science at our school.
5. What does Mr. Miles teach at your school?
6. He teaches English at our school.

Unit 7

I come to school by subway.

1. Do you come to school by subway?
2. Yes, I do. I come to school by subway.
3. Do you come to school by bus?
4. No, I don't. I don't come to school by bus.
5. How do you come to school?
6. I come to school by subway.

Unit 8

I live in Busan.

1. Do you live in Busan?
2. Yes, I do. I live in Busan.
3. Do you live in Seoul?
4. No, I don't. I don't live in Seoul.
5. Where do you live?
6. I live in Busan.

Unit 9

I'm from the United States.

1. Are you from the United States?
2. Yes, I am. I'm from the United States.
3. Are you from Canada?
4. No, I'm not. I'm not from Canada.
5. Where are you from?
6. I'm from the United States.
7. What part of the United States are you from?
8. I'm from New York City.

Unit 10

This bus goes to Myung-dong.

1. Does this bus go to Myung-dong?
2. Yes, it does. It goes to Myung-dong.
3. Does this bus go to Shinsul-dong?
4. No, it doesn't. It doesn't go to Shinsul-dong.
5. Where does this bus go?
6. It goes to Myung-dong.

Part 3 .... 61p

Unit 1

1. Look at the board.
2. Read this sentence.
3. Sit down.
4. Write the sentence in your notebook.

Unit 2

1. a. Read the text again.
   b. Please read the text again.
2. a. Write it in your notebook.
   b. Please write it in your notebook.
3. a. Listen carefully.
   b. Please listen carefully.

Unit 3

1. Be quiet.
2. Don't talk in class.
3. Be a good boy.
4. Be careful.
5. Don't look at the textbook.

Unit 4

1. Come down quickly.
2. Don't be noisy.
3. Don't talk in class.
4. Be quiet at the table.

Unit 5

1. Yes, let's.
2. Yes, let's.
3. Yes, let's.
4. Yes, let's.

Unit 6

1. Let's play the piano.
2. Let's go by train.
3. Let's not do that.

Unit 7

1. What a beautiful flower!
2. What a big ship!
3. What a kind girl!
4. What a tall man!
5. What a small radio!

Unit 8

1. How beautiful!
2. How small!
3. How big!

Part 4 81p

Unit 1

It's six o'clock in the evening.

1. Is it six o'clock in the evening?
2. Yes, it is. It's six o'clock in the evening.
3. Is it six o'clock in the morning?
4. No, it isn't. It isn't six o'clock in the morning.
5. What time is it?
6. It's six o'clock in the evening.

Unit 2

1. ten twenty a.m.
2. three thirty-five p.m.
3. eleven eighteen a.m.
4. two-o-five p.m.
5. eight forty-five a.m.
6. twelve noon

Unit 3

1. nine twelve / twelve minutes after nine
2. eleven-o-three / three minutes after eleven
3. seven fifteen / a quarter after seven
4. eight thirty / half after eight
5. four forty-five / a quarter before five
6. ten fifty-five / five minutes before eleven

Unit 4

I have eight twenty.

1. Do you have eight twenty?
2. Yes, I do. I have eight twenty.
3. Do you have eight thirty?
4. No, I don't. I don't have eight thirty.
5. What time do you have?
6. I have eight twenty.

Unit 5

I usually get up at six.

1. Do you usually get up at six?
2. Yes, I do. I usually get up at six.
3. Do you usually get up at seven?
4. No, I don't. I don't usually get up at seven.
5. What time do you usually get up?
6. I usually get up at six.

Unit 6

We usually have dinner at seven.
1. Do you usually have dinner at seven?
2. Yes, we do. We usually have dinner at seven.
3. Do you usually have dinner at six?
4. No, we don't. We don't usually have dinner at six.
5. When do you have dinner?
6. We usually have dinner at seven.

Unit 7

I watch television after dinner.
1. Do you watch television after dinner?
2. Yes, I do. I watch television after dinner.
3. Do you watch television before dinner?
4. No, I don't. I don't watch television before dinner.
5. When do you watch television?
6. I watch television after dinner.

Unit 8

My birthday is October 27.
1. Is your birthday is October 27?
2. Yes, it is. It's October 27.
3. Is your birthday is October 28?
4. No, it isn't. It isn't October 28.
5. When is your birthday?
6. It's October 27.

Part 5 .... 105p

Unit 1

1. There's a clock on the desk.
2. There's a ball under the desk.
3. There's a picture on the wall.
4. There's a chair by the desk.

Unit 2

There is a post office around the corner.
1. Is there a post office around the corner?
2. Yes, there is. There's a post office around the corner.
3. Is there a bank around the corner?
4. No, there isn't. There is not a bank around the corner.

Unit 3

There are a lot of fish in the pond.
1. Are there a lot of fish in the pond?
2. Yes, there are. There are a lot of fish in the pond.
3. Are there any rowboats in the pond?
4. No, there aren't. There aren't any rowboats in the pond.

Unit 4

There are about five hundred students in our school.
1. Are there a lot of students in your school?
2. Yes, there are. There are a lot of students in our school.
3. Are there any Canadian students in your school?
4. No, there aren't. There aren't any Canadian students in our school.
5. How many students are there in your school?
6. There are about five hundred students in our school.

Unit 5

I'm in the kitchen.
1. Are you in the kitchen?
2. Yes, I am. I'm in the kitchen.
3. Are you in the living room?
4. No, I'm not. I'm not in the living room.
5. Where are you?
6. I'm in the kitchen

Unit 6

John is at school.
1. Is John at school?

2. Yes, he is. He's at school.
3. Is John at home?
4. No, he isn't. He isn't at home.
5. Where is John?
6. He's at school.

Unit 7

Your lunch box is on the table.

1. Is my lunch box on the table?
2. Yes, it is. It's on the table.
3. Is my lunch box under the table?
4. No, it isn't. It isn't under the table.
5. Where is my lunch box?
6. It's on the table.

Part 6 127p

Unit 1

I can speak English.

1. Can you speak English?
2. Yes, I can. I can speak English.
3. Can you speak French?
4. No, I can't. I can't speak French.
5. What languages can you speak?
6. I can speak Korean and English.

Unit 2

I can ski.

1. Can you ski?
2. Yes, I can. I can ski a little.
3. Can you skate?
4. No, I can't. I can't skate.
5. Can your sister ski?
6. Yes, she can. She can ski very well.

Unit 3

1. a. How can I get to the post office?
   b. Walk three blocks down this street and turn right.
2. a How can I get to the bank?
   b. Walk three blocks down this street and turn left.
3. a. How can I get to the station?
   b. Walk four blocks down this street and turn right.
4. a. How can I get to the city hall?
   b. Walk two blocks down this street and turn right.

Unit 4

1. May I come in?
2. May I speak English?
3. May I go home?
4. May I play baseball?

Unit 5

1. a. May I sit down? b. Certainly.
2. a. May I go home? b. Certainly.
3. a. May I come in? b. Certainly.
4. a. May I look at my textbook? b. Certainly.

Unit 6

1. I have to do my homework.
   a. Do you have to do your homework?
   b. Yes, I do. I have to do my homework.
2. I have to help my mother in the kitchen.
   a. Do you have to help your mother in the kitchen?
   b. Yes, I do. I have to help my mother in the kitchen.
3. I have to study English hard.
   a. Do you have to study English hard?
   b. Yes, I do. I have to study English hard.

Unit 7

You have to transfer at Green Hill.

1. Do I have to transfer at Green Hill?
2. Yes, you do. You have to transfer at Green Hill.
3. Do I have to get off at the next stop?
4. No, you don't. You don't have to get off at the next stop.

5. Where do I have to transfer?
6. You have to transfer at Green Hill.

Unit 8

My father has to work on Sundays.

1. Does your father have to work on Sundays?
2. Yes, he does. He has to work on Sundays.
3. Does your brother have to work on Sundays?
4. No, he doesn't. He doesn't have to work on Sundays.
5. Who has to work on Sundays?
6. My father does. My father has to work on Sundays.

Part 7 151p

Unit 1

Chan-ho is listening to the radio.

1. Is Chan-ho listening to the radio?
2. Yes, he is. He's listening to the radio.
3. Is Chan-ho reading an English book?
4. No, he isn't. He isn't reading an English book.
5. Is Chan-ho studying English?
6. Yes, he is. He's studying English.

Unit 2

I'm doing my homework.

1. Are you doing your homework?
2. Yes, I am. I'm doing my homework.
3. Are you writing a letter?
4. No, I'm not. I'm not writing a letter.

Unit 3

They are making beef stew.

1. Are they making beef stew?
2. Yes, they are. They are making beef stew.
3. Are they making pancakes?
4. No, they aren't. They aren't making pancakes.
5. What are they making?
6. They are making beef stew.

Unit 4

I'm going to school.

1. Are you going to school?
2. Yes, I am. I'm going to school.
3. Are you going to church?
4. No, I'm not. I'm not going to church.
5. Where are you going?
6. I'm going to school.

Unit 5

My father is playing the piano.

1. Is your father playing the piano?
2. Yes, he is. He's playing the piano.
3. Is your sister playing the piano?
4. No, she isn't. She isn't playing the piano.
5. Who is playing the piano?
6. My father is. My father is playing the piano.

Unit 6

We're going to have a party at our home next Saturday evening.

1. Are you going to have a party at your home next Saturday evening?
2. Yes, we are. We're going to have a party at our home next Saturday evening.
3. Are you going to have a party at your home next Sunday evening?
4. No, we aren't. We aren't going to have a party at our home next Sunday evening.
5. When are you going to have a party at your home?
6. We're going to have a party at our home next Saturday evening.

Unit 7

I'm going shopping at a department store.

1. Are you going shopping at a department store?
2. Yes, I am. I'm going shopping at a department.
3. Are you going shopping at a supermarket?
4. No, I'm not. I'm not going shopping at a supermarket.
5. Where are you going shopping?
6. I'm going shopping at a department store.

Part 8 .... 173p

Unit 1

1. It's cloudy today.
2. It's raining today.
3. It's snowing today.

Unit 2

It's cold in the winter in Korea.

1. Is it cold in the winter in Korea?
2. Yes, it is. It's cold in the winter in Korea.
3. Is it cold in the spring in Korea?
4. No, it isn't. It isn't cold in the spring in Korea.
5. When is it cold in Korea?
6. It's cold in the winter in Korea.

Unit 3

1. March (the) third
2. May (the) fifth
3. August (the) twenty-first
4. October (the) twelfth
5. December (the) twenty-fifth (or Christmas Day)
6. January (the) first (or New Year's Day)
7. April (the) sixteenth
8. February (the) eighth
9. June (the) sixth
10. July (the) fourth
11. September (the) twentieth
12. November (the) ninth

Part 9 .... 187p

Unit 1

I'm thirteen years old.

1. Are you thirteen years old?
2. Yes, I am. I'm thirteen years old.
3. Are you fourteen years old?
4. No, I'm not. I'm not fourteen years old.
5. How old are you?
6. I'm thirteen years old.

Unit 2

I'm older than you are.

1. Are you older than I am?
2. Yes, I am. I'm older than you are.
3. Are you younger than I am?
4. No, I'm not. I'm not younger than you are.
5. How many years older than I are you?
6. I'm two years older than you are.

Unit 3

I'm five centimeters taller than you.

1. Are you five centimeters taller than I?
2. Yes, I am. I'm five centimeters taller than you.
3. Are you four centimeters taller than I?
4. No, I'm not. I'm not four centimeters taller than you.
5. How many centimeters taller than I are you?
6. I'm five centimeters taller than you.

Unit 4

Betty is taller than Emily.

1. Is Betty taller than Emily?
2. Yes, she is. She's taller than Emily.
3. Is Emily taller than Betty?

4. No, she isn't. She isn't taller than Betty.
5. Who's taller, Betty or Emily?
6. Betty is taller than Emily.

Unit 5

Britain is smaller than the United States.

1. Is Britain smaller than the United States?
2. Yes, it is. It's much smaller than the United States.
3. Is Canada smaller than the United States?
4. No, it isn't. It isn't smaller than the United States.
5. Is Korea smaller than the United States?
6. Yes, it is. It's much smaller than the United States.

Unit 6

I'm the oldest of the three.

1. Are you the oldest of the three?
2. Yes, I am. I'm the oldest of the three.
3. Is Tom the oldest of the three?
4. No, he isn't. He isn't the oldest of the three.
5. Who's the oldest of the three?
6. I'm the oldest of the three.

Unit 7

George is the tallest boy in our class.

1. Is George the tallest boy in your class?
2. Yes, he is. He's the tallest boy in our class.
3. Are you the tallest boy in your class?
4. No, I'm not. I'm not the tallest boy in our class.
5. Who's the tallest boy in your class?
6. George is the tallest boy in our class.

Unit 8

The red tulips are more beautiful than the yellow ones.

1. Are the red tulips more beautiful than the yellow ones?
2. Yes, they are. They are more beautiful than the yellow ones.
3. Are the white tulips more beautiful than the yellow ones?
4. No, they aren't. They aren't more beautiful than the yellow ones.
5. Which tulips are the most beautiful?
6. The red tulips are the most beautiful.

Part 10 217p

Unit 1

I'm as tall as Mike.

1. Are you as tall as Mike?
2. Yes, I am. I'm as tall as Mike.
3. Are you taller than Mike?
4. No, I'm not. I'm not taller than Mike.
5. Are you and Mike the same height?
6. Yes, we are. I'm as tall as Mike.

Unit 2

1. a. Tom is not as tall as Alice.
   b. Tom is shorter than Alice.
2. a. My dog is not as big as yours.
   b. My dog is smaller than yours.
3. a. My pencil is not as long as yours.
   b. My pencil is shorter than yours.

Unit 3

George's plan is good.

1. Is George's plan good?
2. Yes, it is. It's good.
3. Is George's plan better than yours?
4. Yes, it is. It's better than mine.
5. Is George's plan the best of the three?
6. Yes, it is. It's the best of the three.

Unit 4

I'm worse at Korean than at English.

1. Are you worse at Korean than at

English?
2. Yes, I am. I'm worse at Korean than at English.
3. Are you better at Korean than at English?
4. No, I'm not. I'm worse at Korean than at English.

Unit 5

I like history.
1. Do you like history?
2. Yes, I do. I like it.
3. Do you like history better than English?
4. Yes, I do. I like history better than English.
5. Do you like history best of all your subjects?
6. Yes, I do. I like it best of all my subjects.

Unit 6

Sun-hee speaks English very well.
1. Does Sun-hee speak English very well?
2. Yes, she does. She speaks it very well.
3. Does Sun-hee speak English better than you do?
4. Yes, she does. She speaks it better than I do.
5. Who speaks English best?
6. Sun-hee speaks it best.

Part 11 .... 237p

Unit 1

Bill can skate very fast.
1. Can Bill skate very fast?
2. Yes, he can. He can skate very fast.
3. Can Bill skate much faster than you can?
4. Yes, he can. He can skate much faster than I can.
5. Who can skate fastest?
6. John can skate fastest.

Unit 2

I get up early every weekday.
1. Do you get up early every weekday?
2. Yes, I do. I get up early every weekday.
3. Do you get up earlier on Saturdays?
4. Yes, I do. I get up earlier on Saturdays.
5. When do you get up earliest?
6. I get up earliest on Sundays.

Unit 3

You have to study harder.
1. Do I have to study harder?
2. Yes, you do. You have to study harder.
3. Do I have to study math hardest?
4. Yes, you do. You have to study math hardest.
5. What do I have to study hardest?
6. You have to study math hardest.

Unit 4

Lucy sings more beautifully than Mary does.
1. Does Lucy sing more beautifully than Mary does?
2. Yes, she does. She sings more beautifully than Mary does.
3. Does Lucy sing most beautifully?
4. No, she doesn't. She doesn't sing most beautifully.
5. Who sings most beautifully?
6. Martha sings most beautifully.

Unit 5

John can run as fast as Tom.
1. Can John run as fast as Tom?
2. Yes, he can. He can run as fast as Tom.
3. Can you run as fast as Tom?
4. No, I can't. I can't run as fast as Tom.
5. Who can run as fast as Tom?
6. John can run as fast as Tom.